姚嘉文追夢記

■姚嘉文

「誰說我們赤裸裸的來，

赤裸裸的去？

我們來時帶了一個夢，

去時將帶一身灰塵。」

（姚嘉文 1957.6）

姚嘉文追夢記

《目錄》

■姚嘉文在七〇年代被譽為「黨外大護法」。攝影／邱萬興

《序言》

2019 年，「美麗島軍事審判」40 週年。時光飛逝，歲月催人，華髮滿頭。往事重提，在事事健忘的台灣社會，尤其是倡導世代快速交替的民進黨圈內，並不受歡迎。

2018 年，民主進步黨大選慘敗 圍攻批判的聲音滿天飛。很多批評者本亦是造成大選慘敗的原因，甚多批評並非公正。台灣政治環境日新月異，變化複雜，「往事不忘」，未必人人都認為是「後事之師」。往前經驗，後進多不願記取，這是否是這次大選失利原因之一，常有爭論。

其實，政治運動與選舉活動本有不同。選舉活動年年不同，各次選舉成敗各有主客觀環境，政治運動則有歷史潮流的基本背景與運動規則，兩者可以參考，不能並論。

近年來，許多人在寫回憶錄，有人建議我寫，但有更多人不願寫，甚至勸人不要寫。他們說，因為台灣社會不太能接受寫真實故事的回憶錄，意圖利用回憶錄宣揚自己成就的人，或把回憶錄當作宣傳品的人，不大敘述自己的錯誤及過失。他們也不願看到他人回憶錄提到他（她）的錯誤及過失，更不願他人指出他（她）所寫的失真或誇大的事蹟。讀者欣賞作者的英雄事蹟，也不樂見他人指責與批評他所崇拜的英雄。

這是在台灣不好寫回憶錄的原因。

　　我曾將我親自參與的「美麗島運動」之軍事審判寫成「景美大審判」一書，也將參政前後的經過及言論寫成「風吹美麗島」一書。兩書內容有其侷限性，無法說明我參與政治活動的原因，以及所見所聞的許多其它事情。因此，我還是想將一些事寫下來。

　　我相信歷史經過有遺留後代的價值，經驗有傳承來者的必要，所以該寫的還是要寫。

　　只是，我們還是要遵守這句話：

　　「你可以掩飾，不可以造假」(You can hide , but　you can not lie.)

　　當我在困擾要不要寫回憶錄，要寫的話如何寫時，學弟莊勝榮大律師來訪，談到這個問題。他說您既不是為了選舉宣傳之用，不必請人代筆，美化自己；也不想誇說自己的成就，就不必專寫自己的豐功偉業，不如只寫自己的成長過程。他說，您人生有夢，不如就寫你的「追夢記」吧！

　　我接受他的建議。

　　1957 年，我從臺灣省立（今改為國立）彰化商業職業學校畢業。幾個好友參加大專聯考，分別錄取，到各大學就讀。我因家庭經濟無力再供我升學，去考了就業考試及普通考試，準備就業，兩者都是「統計人員」類別第一名，等待分發工作。

　　少年多夢，不甘從此在鄉下過著平庸一生，好友相聚，互

相感嘆平生，寫詩作詞，強說愁悶，夢想未來。一位溫姓同學，氣概萬千地寫著：

「台灣寶島多豪才，

唯我溫某一段白，

他日能展凌雲翅，

定把天下重安排。」

我也寫了一首短詩述懷：

「誰說我們赤裸裸的來，

赤裸裸的去？

我們來時帶了一個夢，

去時將帶一身灰塵。」

年少只知作夢，不知來日何如，總是不斷追求。以後開業律師，執教大學，參加政治，判刑坐牢，撰寫小說，擔任公職，參與政治改革運動，一路走來，有夢有淚。生命歷程，多數不在生命計畫及預料之內。一生奔波，多是依據原有夢想理想，

歡喜甘願，一路猛追。因知個人得失，難於計算，故要看得淡，
又知一言一行，必有塵埃落地，要謹言慎行。就像高中就學時，
所寫的一首小賦小詞「詠扇」所說：

「　勞碌奔波兮，

　　非為己利，

　　退藏進用兮，

　　隨人之意！」

　　　1979 年因「美麗島案件」入押在「臺灣警備總司令部」牢
中。我深切了解，參與政治運動所需的各項智能，非常不足，
不很了解國家政治運作與變化。又感嘆歲月飛逝，白髮徒增，
而立下修煉精神增進智慧的宏願，決定在牢中埋頭苦讀。當時
寫下一首言情小詩：

「人權聖火留不住，

　　敢問白髮添與無？

　　且談風月候風雨，

　　不知興亡莫論書。」

　　我在坐牢時，為著要整理歷史資料，撰寫臺灣歷史小說。用了不少時間研究古今各種曆法，以排比歷史事件，校正舊史錯誤。同時，為著要了解台灣的過去與未來，我也認真在觀察臺灣四周海峽海洋的戰略形勢。我是想從古今歷史全球形勢，去思考臺灣歷史的走向。這研究古今曆法，觀察海陸地理，翻讀中外史料，有回顧往事，預測未來之意。因而我寫了一首短詩敘意：

　　「千年陰陽曆，

　　萬里山海經，

　　屈指排日月，

　　回首數前程。」

　　我從青壯年代，開始參與政治活動，已過四十年。這些經歷，一直想寫出來，2000 年出版《景美大審判 -- 美麗島軍法審判寫真》時，在該書前言中，我即感慨事件回憶錄難寫。我說：

　　「二十五年來，參與臺灣民主運動，個人飽受勞苦挫折，雖運動成就稍見，但國人健忘，往日經驗，鮮受珍惜。坊間有關美麗島事件之回憶、記錄，亦非盡為信史。」

　　因此，《景美大審判》寫作上非常謹慎，不作事件與人物

的批判。很多人建議我多寫內情，無妨批判，我卻一直猶疑不願多寫。「美麗島事件」是台灣近代重要事件之一，事件的前因後果，參與人員的個人事蹟，事件有關的內幕，有許多值得記載流傳。但是，多數參與人士仍在，事實本可查證確定，但我遲疑不敢下筆。而且，政治運動，應重大局及方向，其中細節是非，也不一定值得多寫。

2008 年，我出版《風吹美麗島》一書，再討論「美麗島運動」的主客觀形勢變化，不多訴說個人功過是非。該書序言「風中言語論英雄」，提到臺灣的英雄崇拜。臺灣人民崇拜英雄，很多人將自己塑造成英雄人物，凸顯其優點及貢獻，有時難免失真。我的興趣是在記錄臺灣社會及政治的變動，而不在凸現個人的貢獻。至於各人對其參與運動的程度，以及貢獻的大小，則隨個人的理解與評估，其個人主觀的判斷，本來就不必多加爭議。

但是，民主運動的方向及主要動力，卻必須清楚認識。從1975年《臺灣政論》雜誌出版以後，許多黨外民主活動的規劃，我都有參與，或有在場。那段經驗及以前我從事律師業務及求學經過，也值得回憶敘述。

這本回憶錄，只是記錄我的經驗，以我的觀點看世態的變化，不誇耀自己，不貶損他人，是歷史資料，也是自我傳記。我隱沒了許多事，但沒有誇張或故意扭曲甚麼事。臺灣民主運動參加貢獻的人很多，我們要肯定這些人的貢獻，而不必去描述這些人的某些缺失。

我平生有夢，我要記述我追夢的經過。

這本《追夢記》寫得很辛苦，幸而有家人，友人，及一些學者，不斷的鼓勵，或提供意見，或提供資料，也有學生，同事，以及教會的會友、長老、牧師幫忙，打字、試讀、校對，我向這些人表示感謝。

■追夢少年姚嘉文。

■童子軍時期的姚嘉文，這是最早的一張兒時照片。

第一章
少年多夢

一、油車鄉下

　　1959 年 8 月 7 日，台灣中南部發生大水災，連續三日豪雨不止，山洪爆發，河川決堤。空前的大水災，造成嚴重災害，房屋傾倒，農田受損，交通通訊中斷，居民死傷慘重，號稱「八七水災」。

　　「八七水災」改變了我家的命運。

　　我家住在大肚溪南岸的彰化縣和美鎮湖內里油車庄內。家鄉莊頭鄰近大肚溪，往時是河川沖積地，鄰村叫「湖內」，我住的村莊叫「油車」，都是地勢低窪沼澤沙地，地質貧瘠，多數種植蕃薯土豆。莊內早先有兩家榨製花生油的工廠，所以莊頭才叫「油車」莊。

　　這莊頭村中人家房子大多是傳統的土角厝。「八七水災」大肚溪堤防潰堤時，大水沖進莊內，許多房屋倒蹋。我家比較幸運，屋牆沒有全倒，僅塌陷扭曲未倒，但已不適合居住，需要拆下改建。當時政府認定我家不是倒塌戶，不予補償。因房屋已不能居住，我們只好拆下改建。房屋改建，費用很大，我家本就不很富裕，房屋改建後，家庭經濟陷入困境。父親因而焦慮致病，無法工作，雪上加霜，家中無收人，生活非常困難。

　　「油車莊」是大肚溪旁的窮鄉僻鄰，大多住著小佃農及工人。我讀小學的時候，地方既沒有電，沒有自來水，也沒有公共汽車。晚上

看書要點煤油燈，以後改點蠟燭。出門靠走路，或騎腳踏車。到我上初中時，才開始有電，開始有公共汽車。

我上初中以前，很少到過彰化市區，到當兵時，才去過台北市。在鄉下生活，孤陋寡聞，影響我的未來發展很大。記得有一次，有人來國民學校賣國語字典，老師勸我回家討錢買一本，但沒有人教我檢字方法。我買回家後，要找一個字，就要從第一頁翻起，一頁一頁逐頁找字，覺得很麻煩，以後才知道有部首筆畫找字的方法。

由於「八七水災」的痛苦受災經驗，又了解大肚溪溪水泛濫的原因，是上游山上伐木過多，水土無法保持，造成土石流。因此，以後有人在組「環保協會」推動水土保持的環保教育時，我就參加了。「環保協會」的活動，主要是各會員帶同家人大小到各山區露營，觀察各山區水土保持情形，了解山區破壞，森林傷痕，水土流失，教育民眾了解水土保持的重要性。「環保協會」組成後，向政府機關報請核准，「台灣警備總司令部」認為推動環保教育會影響台灣經濟發展，不准成立。以後改成「露營協會」，才准成立。

這件事讓我更加了解「戒嚴令」對台灣各項進步發展的阻礙，以後更認真的推動解除戒嚴運動。

二、夢過少年

我生長於農村，父母都未受學校教育，不認識字。父親是行商布販，騎著腳踏車四處賣布，經濟尚可，可以支持子女就讀初中、高中。母親也是來自貧窮家庭，八歲到十六歲時在當地地主陳盧谷家當婢女。她雖然也未受塾堂教育，但是因為在地主家工作，地主及子女

多留學日本，因此認得幾個字，比較了解教育的重要性，一直鼓勵我們讀書。

我的父親因不會講日本話，戰前很討厭日本人，尤其是日本警察。戰後來地方服務的外省警察言語不通，他也不喜歡。政治上他比較偏向黨外及本土人士。他對我以後參加黨外政治運動並不反對。又因長期生活在遠離政治力與公權力的環境，他怕官吏也怕法律，所以當我考上律師開業後，凡是村里有甚麼訴訟官司，都要我免費承辦，幫助鄉人。我在以後研究所撰寫有關貧民區「違章建築」碩士論文，及赴美研究貧民「法律扶助」，都與此有關。

在「彰化商業學校」高級部畢業以前，我沒有想過當律師，沒有作過律師夢，那是離我很遙遠的事。我喜歡看書，尤其是喜歡看像法國大仲馬寫的「基度山恩仇記」（《Le Comte de Monte-Cristo》）那種長篇歷史小說，我倒曾夢想有一天能寫出那種長篇歷史小說。

■出身於彰化和美的姚嘉文（後排左一）是家中長子，從小就要照顧弟妹。

三、教育讀書

我五歲左右就到私塾讀書，讀了許多漢文書。雖然我不是很懂那些文字的意思，但認得許多的漢字，對以後求學寫作有很大的幫助。

當時私塾的規矩，新生入學當天，要先向孔子牌位敬禮，再跟老師敬禮，最後跟學長敬禮。有一天，來了一位比我年長的新生，他照例向我們敬禮。他就是以後我的小學教員陳清水老師。

陳清水老師與另一位陳平定老師，是兩位我在國民小學讀書時，影響我最大的教員。

日本統治台灣期間，雖曾禁止教授台語漢字，但在二戰末期，台灣鄉下地區的教育，日本總督府日本警察無法多管，鄉村地方就慢慢恢復漢字教學。許多識字的文人到處開設私塾，招徒授課。我們的私塾老師施教流先生，是鹿港人。他所教的不外是《三字經》、《百家姓》、《千字文》、《千家詩》（所謂三百千千），以及《唐詩三百首》、《白話尺牘》、《千金譜》、《弟子規》、《昔時賢文》等等。我並不能完全懂得書中內容，只是因而認得很多漢字。

台灣戰後各地學校，多未恢復正常，年屆學齡時我仍在私塾就讀，至國民小學三年級前後，才到和美鎮塗厝國民學校（今培英國民小學）就讀。

我在私塾認識漢字，可以讀各種書籍。我讀了很多的書，看過許多傳統演義小說，使我對寫作有了很大的興趣。 當時讀物缺乏，我到處借書來讀，到初中的時候已經可以讀《紅樓夢》、《水滸傳》、《西遊記》等。因為這樣，我在校的作文成績一直很好。以後我的高級商業學校國文老師吳健民先生才建議我去考律師。

■ 1950 年代，姚嘉文就讀彰化縣和美鎮塗厝國民學校（今培英國民小學），參加鎮公所聯合體育表演，第二排右四是姚嘉文站立在「中華健兒」錦旗旁。

　　1951 年，我從鄉下小學畢業。當時中等學校初級部（尚未有國民中學）沒有聯合招生，我們畢業後，四處參加初中入學考試。我考上了「縣立鹿港初中」、「省立台中二中」、「省立彰化中學」、「省立彰化工業職業學校」、「省立彰化商業職業學校」五校。父母因家中無力供我未來就讀大學，為考慮未來就業，乃選擇進入「省立彰化商業職業學校」。在那裡的初商部、高商部讀了六年。

　　進入中學後，發現學校及縣政府有圖書館可以借書，非常高興，因此不斷的借書閱讀。我小學時，認識一位學校駐軍少年兵，中國山西省人，叫辛寶森。以後他在軍中管理部隊書箱工作。他介紹了很多國防部出版物借給我看，因此我也讀了許多與戰爭戰略有關的書，如艾森豪的《歐洲十字軍》、克勞塞維茲的《戰爭論》、約米尼《戰爭藝術》、馬漢的《海權論》、杜黑的《制空論》、李德哈達的《間接

作戰論》。這些對於我日後參與政治運動，思考台灣問題，以及當立法委員在立法院國防委員會的工作，有很大的幫助。

高商部畢業，在校時幾個好朋友都在準備考大學。我因家庭無力負擔，無法再升學。軍事教官劉北捷上校，知道我愛讀戰爭史戰略論之類的書，便建議我去考軍校。

當時「中國青年反共救國團」到各地學校宣傳，鼓勵高中高職畢業生報考軍校，並舉辦「參觀軍校」活動。我們繳費報名參加，到左營參觀陸軍官校，海軍官校。

我參加回來，眼界大開，對南台灣風光非常喜歡，對能有機會研習軍事戰爭事務，非常羨慕。

活動結束後，「中國青年反共救國團」辦理經費收支說明會。學校參加同學推我代表參加，我雖對其收支報告有疑問，但看其他學校的代表都簽字認可，我也跟著簽了。

當我帶那份收支報告回學校時，其他參加活動的同學指出其中多處虛報。他們指責我不負責任，不應草率簽字認可。我被同學指責，就再找同學陪我去「中國青年反共救國團」彰化縣團部表示異議與抗議。我要求重新核算經費，剔除虛報部分，退還剩款給各參加同學。

第二天，在上「商事法規」課程時，校長室職員到教室叫我，說校長（古鼐）找我去談話。教「商事法規」的張蔭餘老師，是一位正直的教員，在班上對同學們說，他知道甚麼事。他們在教員辦公室都在討論我與同學去「中國青年反共救國團」抗議的事。他說「中國青年反共救國團」裡面的人員財務不乾淨，大家都知道。我們去抗議後，他們反而來學校報告，說我們去抗議時，態度惡劣，像太保學生，要學校處罰我們。張老師又說，「中國青年反共救國團」主任蔣經國最

近要來彰化考察，他們怕學生在蔣經國到來時，到場陳情，要求校長阻止。

張老師又說，古校長知道我是好學生，不是「中國青年反共救國團」那些人講的那種人，學校也相信「中國青年反共救國團」這次活動收支報告有問題，知道他們怕事情鬧大不好看，才要學校阻止我們。他說，學校不會處罰我們，叫我放心。

我去見了古校長，他問了幾句，只說這種事應該先向學校反映，由學校出面交涉，不要自己去抗議。他沒再說甚麼。不久，「中國青年反共救國團」彰化縣團部送來一大筆錢，退給參加活動的同學。

張蔭餘老師教「商事法規」，包括「商業登記法」，「公司法」，「票據法」，「海商法」和「保險法」。他教得很好，我也讀得有心得，而對法律發生興趣，影響了我以後進大學改讀法律系。因為有這個基礎，我在台灣大學法律系讀書時，「商事法規」每科都得高分，也因而以後能到輔仁大學教「公司法」及「票據法」。張蔭餘老師的兒子以後在輔仁大學法律系讀書，就這麼湊巧當了我的學生。據張同

■姚嘉文彰化高職畢業，在台中電信局服務。

學說，他父親曾經向他提起我去「中國青年反共救國團」抗議那件事。

四、就業當兵

　　1957 年，我從「省立彰化商業職業學校」高級部畢業，參加三軍官校聯合招生考試。我的第一志願是海軍官校，結果分發到陸軍官校，因家人與親友的反對，沒有去報到。

　　以後參加就業考試「統計人員考試」，以第一名及格，分發到交通部台中電信局工作。我又參加公務員普通考試「統計人員考試」也以第一名及格，在交通部電信局從業務佐升級為業務員。以後服兵役，到左營「海軍士官學校」受訓，當了充員補給上等兵，三年後以下士退伍。

　　「海軍士官學校」結訓後。我分發到左營「第一造船廠」，在供應處負責物料帳盤存查帳工作。當時駐廠的美軍顧問團人員，經常來抽查美援軍品。如有帳上及物品不符情形，供應處就派我去查帳簿記載，核對倉儲存量，因而多與美軍官兵接觸，有機會練習英語會話。

　　海軍造船廠供應處的工作，採上班制，晚上及周末都不用工作，有許多閒暇時間。我已經決定參加律師檢定考試與大學入學考試，所以就利用這些時間，讀書準備。

　　我在海軍服役時，是八二三砲戰的第二年。當時海軍「第一造船廠」還有不少受傷的軍艦在整修。我有機會跟那些參與海戰的官兵交談，了解一些八二三砲戰的情形。例如，在蔣介石與美國國國務卿杜勒斯簽訂那有名「1025 聲明」以前，美國軍艦已懸掛台灣國旗砲轟廈門，掩護台灣軍艦運補金門。

■ 1959 年姚嘉文入伍海軍服常備兵役三年。

■ 1967 年姚嘉文與周清玉的結婚照。

第二章
律師生涯

一、想當律師

（一）苦讀

在「省立彰化商業職業學校」畢業時，因幾個好朋友都要去升學，我也想再有深造升學機會，軍事教官鼓勵我去考軍校，我考上沒去報到。國文教員吳健民老師覺得我中文程度好，又有演講能力，說我明辨是非，急公好義，便鼓勵我去考律師。當時尚有律師高考「檢定考試」，不必大學畢業，只要檢定及格，就可以參加律師高考。

這時我對法律已有濃厚興趣，常常看西洋法庭電影及訴訟官司書籍。在台中電信局工作時，時常到台中地方法院旁聽訴訟開庭。有一次父親因田地爭議聘請律師代理出庭，我陪父親到律師事務所見外省律師，擔任翻譯，更對律師行業增添興趣，漸漸形成我的夢想。

為了達成這個夢想，我用了九年時間研讀法律，準備律師檢定考試及高等考試律師考試。少年青春幾乎全耗在法律書籍上。海軍服役前後，每年報考檢定考試，經過五年才通過及格，取得高等考試律師考試應考資格。再經過大學四年，才考上律師。

自修法律，非常困難。記得有一年檢定考試，「刑法」科有一試題問：「傷害與殺人未遂之構成要件有何不同？」我也答不出來。國文題目更為離譜，有一年，從四書五經出題目，我根本看不懂題目意

義，據說是九十幾歲的張默君女士出的題目。我現在已記不得題目內容，在偶然機會看到一部舊書，書中的資料記載，那題目竟然與中華民國元年（1912）的一次國家考試題目一樣。以後我在考試院工作，經常提醒典試委員不要出離譜的題目。

在海軍服役中，幾次參加檢定考試都有科目不及格，（及格科目可以保留五年）。我看到許多同學在準備退伍後，半工半讀去讀大學，我便想不如去讀法律系，再考律師。退伍後，我考上第一志願台灣大學法律系法學組，同時也已取得律師應考資格。大學入學後，考了兩次高考都落榜，本來要放棄，大四畢業那一年又去考考看，終於考上，同時考上研究所。

在台灣大學讀書期間，我調到台北，繼續在交通部電信局工作，以半工半讀方式，讀完大學部及研究所。

在大學期間，我充分利用學校的圖書館，借閱書籍，並參加各種活動，使我眼界開闊，讓我了解更多層面的事物。

當時律師考試，錄取名額很少，一年只有四、五位，許多同學都傾向考司法官，我堅持考律師。雖然我是半工半讀，學習時間較少，但是我仍然非常認真的準備。律師考試應考科目以外的科目我也認真選修。例如德文、各種英美法、法律哲學、中國法制史等，有時也會到當時的美國新聞處（USIS, 今美國 AIT 文化處）去借書，讀許多的英文書，並和同學組成 English Club 一起練習英語會話。

我用許多時間研讀有關中國清末民初變法及立法等相關的法制史，我體認到台灣的法律制度並不完善，因此台灣必須進行變法運動。我讀了不少各國法律改革的資料，大四時我選修學士論文，撰寫「清末新法律運動」，並請在系裡教「中國法制史」的陳顧遠教授指導。

　　當我申請撰寫「清末新法律運動」學分（8 學分）時，法學院院長（兼系主任）韓忠謨教授，不明瞭我的用意，建議我將論文題目改為「清末立法運動」。我對他說明，我要寫的是清朝末年如何推動法律改革，引進西洋新法律觀念與制度，不是寫判例及習慣的成文化，法典化（Codification）。韓教授接受我的說法，不必改題，准我選寫。

　　清朝末年，中國政府為了收回「治外法權」（「領事裁判權」），設立機構，培訓人才，由沈家本這些大臣倡導，搜集各國法規，翻譯參考，引進西方法律體系的新法律新觀念，草擬新法律。雖所擬各種法律案未為清廷所用，但以後中華民國立法院成立，頗多引用。

　　我在交通部電信局工作的一位同仁，他的親戚老律師有數十本從上海帶來的法律舊書。老律師逝世後，這位同仁問我要不要？我看是當年沈家本所領導團隊翻譯的各國法律，如獲至寶，取回研讀參考，順利寫好學士論文。

　　我們在法律系就讀時，感到智識的不足，乃集結了法律系、社會系、政治系、經濟系及商學院系同學，組成「社會學科研討會」（暱稱「啦啦社」），跨領域的討論時事或各系專門議題。透過這種討論及多方的交流，我們吸收了更多的知識。

　　我也是在這個研討會中，認識我的妻子周清玉。

　　周清玉讀社會學系，她在就學期間，就擔任「基督教兒童基金會（CCF）」義工，時常到台北市各貧民地區調查貧戶兒童。我常常陪她去，注意到各地貧戶住屋違章建築的法律問題。我本身來自鄉下低收入地區，對貧民問題本來就很關心。

　　因為和周清玉認識交往，有她的鼓勵及陪伴，我能度過了那幾年辛苦的半工半讀歲月。

■一個彰化和美的農家子弟，一個是台南「三虎汽水」的千金，在台灣民主路上，共同
譜出一段動容的故事。1966 年 4 月 10 日，姚嘉文與周清玉訂婚照。

■ 966 年 6 月，姚嘉文畢業於台灣大學法律系與父母親，周清玉畢業於台灣大學社會學
系與周清玉母親（左一）。

我們在大學四年級那年訂婚。

完成台大法律系四年的大學學業後，我以第一名的成績考取了台大法律研究所，同時考取律師。

經過九年的苦讀，我完成了第一個夢想：「想當律師」。

當了律師以後，才知道在台灣當律師不是那樣美好。

（二）執業

我考上律師，沒有馬上開業。我繼續在交通部電信局工作，進入研究所就讀。

在研究所讀書時，我用心研究違章建築這個社會問題。第二年，我辭去交通部電信局的工作，到莫屏藩律師事務所實習。莫律師當時承辦許多外省人佔用公地違章起屋拆遷案件，我更了解「違章建築」有關問題。

我在一邊實習，一邊上課的狀況下，以短暫的兩年時間取得碩士學位。我的碩士論文就是「違章建築在私法上的地位」。以後我去美國柏克萊大學（UC Berkeley）研究時，就繼續研究「都市化之住宅問題」。

研究所畢業後，我出來自行開業。執業律師以後，我的生活有很大的改變。我的父親對我擔任律師，非常興奮，不斷介紹鄉下平民案件給我，有鄉下佃農的租約關係，有女工偷同事外套，有相鄰土地侵界糾紛，有小貨車撞死人案件。這些困苦鄉人，謀生本不易，父親都交代不能收費。義務協助的報酬就是我不斷地收到鄉下當事人送的土雞、鳥蛋、土豆……做為律師謝禮。

■ 1966 年 6 月，姚嘉文與周清玉攝於台大校園。

■ 1966 年 6 月，姚嘉文（左二）與台灣大學法律系的同學。

　　我承辦的案件非常廣泛，如一般傳統開業律師一樣，並非專業承辦特種案件。我辦殺人大案，辦離婚案件，也辦外國人的商務糾紛。因我懂英語及美國法律，所以不斷有外國人來求助。這是一個奇怪的律師事務所，混雜辦理各種不同案件，無法專業化。這些案件的收費維持我的事務所開銷，讓我能有能力承辦那些鄉人的免費案件。

　　有一次，一個陌生當事人，來委託辯護一件刑事案件，提出高額的律師費，並承諾判決無罪時，再付後謝。我奇怪他怎麼找上我，又肯支付高額律師費。那人回答因我是大學教授，又是律師公會理事等等一大堆誇獎的話，我高興接了這個案。後判無罪，又有高額後謝。

　　案件宣判無罪後，當事人坦白告訴我，是承辦法官指定要聘我辯護。原來是當事人託關係疏通好法官，認為案件可以判決無罪，但法官怕被懷疑收賄才判無罪，所以要找一位不會送錢行賄的律師辯護。因為法官指定我，他才來找我。

■姚嘉文在 1966 年通過「律師高考」，取得國家考試證書。

又有一次，一位家屬拿了一大筆律師費，要我辯護一件女被告無理被收押的刑事案子。

我接談研究後，發現案情很奇怪，檢方草率起訴，濫權羈押，是一件很好辯護的案件，於是我很樂意的接辦了。開庭時，我百般指責起訴不當，要求當庭釋放被告。審判法官雖然看來很老實，也顯然對起訴不很認同，但沒有接受我的要求，顯得很無奈。

退庭後，書記官（我的一位學生）找到我，對我說：

「老師，這個案子幕後提告人，是司法行政部部長。我們奉命押人重判。老師開庭講的有道理，但我們法官不敢接受，他很為難。」

當時尚未審檢分立，檢察官及法院都隸屬行政院的「司法行政部」，部長是蔣經國的愛將王任遠。以後，當事人告訴我，這案子牽涉到部長的財色糾紛，王部長一氣之下，下令押人重辦。但是，當事人也不示弱，過幾天立法院每位委員都收到一份陳情書。陳情書詳述王部長有關索財要色的醜聞。王部長大怒，命令調查局調查員到當事人住處搜查，在臥室床舖睡墊下搜出原稿。

據說王部長懷疑陳情書是我代擬的，搜出原稿後，當事人親人供出擬稿人不是我。原稿是用毛筆寫的，我從來不用毛筆寫稿，且陳情書文體典雅，與我的白話文體不同。

不久，王部長被迫辭職。案件順利解決，在押被告無罪釋放。據說，蔣經國看到陳情書，要求王部長辭職，每月給他一萬元生活費，要他暫時離職忍讓。不久，蔣經國派他擔任「中國國民黨」中央黨部社會工作會主任。王部長因我承辦本案，對我恨之入骨。有一次，他接見社團領袖，與會的「生命線協會總會」詹總會長提到我，王任遠仍然忿怒不平責罵我不少話。

（三）「契約」與「契約書」

　　一般鄉下人打官司，都處於較不利的地位，如果法官因某種因素，偏袒另一方，更難贏得訴訟。有一次，一位佃農承租一塊農田耕種，地主將地出賣。依規定收回租地出賣，應將價款千分之三百七十五，補償佃農。此次出租，地主先前因不願依法定租穀收租，私下提高租穀，雙方就未到地方政府登記。如今地主出賣田地，就不承認有租佃關係，不但要私下強制收回田地，也不補償佃農。佃農委託我起訴，請求補償。

　　佃農指請田地相鄰農民及鄰居作證，證明原告佃農有承租耕種該地的事實，並證明地主每季有到佃農家收取稻穀的事實。法官很技巧的問證人該農地的地目地號，又問地主每次收租收幾公斤。兩個證人都答不出來。我雖要求法官到田地現場勘驗，由證人指明所承租之田地，我並要求被告說明，如果無租佃關係，田地為什麼在佃農（原告）手中佔有耕作。法官未置可否，不久案件宣判，判決書說明證人無法證明有租賃關係，佃農敗訴。

　　這種訴訟很多，通常法官都會用盡辦法，技巧的逼佃農作不利的回答。最常見的是問，你和地主有訂「契約」嗎？因為台灣一般農民分不清楚「契約」和「契約書」的不同。法律上「契約」因雙方合意即成立，不一定需寫成書面，但農民不了解法律用語，認為「契約」一詞，是指書面「契約書」，以為法官在問有沒有簽「租佃田地書面契約」，都會回答：「沒有契約」。法官不行使闡明職務，進一步問清楚當事人的真意，直接判佃農敗訴。某些律師替地主打官司，常利用這些手段與法官合作，欺負佃農。

（四）違章建築

有些案件，律師能爭，也可幫助當事人。1970年代，台北市在整頓市容與交通，全面取締違章建築，軍人軍眷部分，由國防部起建眷村收容。一般人民則強制驅拆。我承辦一位福州人佔用和平西路路地起造違章建築案件，當事人的妻子有精神疾病，二個女兒都在國中小讀書，台北市政府屢次命他們拆遷不成，乃移送檢察官起訴「竊佔公有土地」之罪。開庭時，法官只問三個問題，便命辯論。第一，提示照片，問違章建築是不是你蓋的，你在居住的？答是。第二，提示土地測量圖，這某某號的土地是不是你所有的？答不是。第三，問你有沒有向土地所有人（台北市政府）租用或借用？答：沒有。

法官宣示調查證據完畢，開始辯論。

那時我剛從美國研究貧民住宅問題回國。我先提醒法官，違章建築問題是民生問題，是社會問題，不是犯罪問題。解決都市的違章建築問題，不應由法院引用刑法規定處理。我介紹了被告的家庭家人，稱讚被告是一個從中國福州來台的貧苦難民，撿破爛過生活，照顧妻女，是好丈夫，好父親。如果他被判入牢，受害的是他的妻女。我對法官說：

「把被告關進監獄，他住的吃的，比他現在住的吃的還好。他的妻女要流離失所，女兒要輟學照顧生病的母親。這就會產生另外的社會問題。」

法官同是外省人，聽了我的話，了解這些顛沛流離來台的貧民的處境，點頭表示同情，再問了被告幾句話，最後判被告緩刑。這種案件，沒有對造當事人，沒有直接的利害衝突的對象，法官比較能公平判決。

（五）藏匿逃犯

另外一件「藏匿逃犯」案件，是我鄉下鄰村的案子。一個村裏惡少，犯了大案，在審判中脫逃回鄉里，窩藏在村裏一個老婦住家的樓上，老婦每日為他準備三餐。逃犯被逮後，老婦被起訴「藏匿人犯」之罪。

我父親交代我出庭辯護。那逃犯很有名氣，警方花了許多精神，才抓他回籠，媒體有許多報導，很多人關心，台中地方法院開庭時，旁聽者眾。被告親友怕老婦被判重刑，也到庭旁聽。被告不懂法律，又聽不懂北京官話，到法庭時驚慌害怕，我陪她到庭，不斷安慰她。

逃犯已被送到綠島關押，法院借調他到庭當証人作證。逃犯從綠島解提到庭，帶著手銬腳鐐，由五六名監獄管理員押著。法院怕逃犯再脫逃，動員十幾名法警戒備，又請地方警局支援數名警員。法庭內外被員警團團圍住。法庭內有被告親友，有逃犯親友，有記者，有旁聽民眾，集聚一堂，非常熱鬧。

檢察官起訴被告理由，指被告老婦看到逃犯出現，即應報警抓拿，不應許他窩居，不應提供餐飲，應該重判，以儆傚尤。

我一直在思考如何辯護，後來看到逃犯帶著手銬腳鐐到來，法庭各門窗都有員警守候，靈機一動，當法官開始要訊問逃犯證人時，我即要求法庭解除證人的束縛，不要帶著手銬腳鐐，讓其能自由陳述。

原來法庭審判，即使是被告，依規定也不得拘束其身體，現在那逃犯在此案，只是證人身分，更不應拘束其身體。法官同意我的要求，就命帶押的管理員解下證人的手銬腳鐐。

帶押的管理員很為難地報告法官，因證人是有名的脫逃犯，綠島

監獄主管怕他中途搶鑰匙再脫逃，不給他們帶鑰匙來。

法官問我為甚麼要計較證人的手銬腳鐐。法官只是想問他幾句話就讓他們回去綠島，如果還要再來一次，增加麻煩。我說法庭規矩如此，證人不能身體受束縛，而且檢察官指責被告，看到逃犯不報警抓人，應負刑責。「如今逃犯帶著手銬腳鐐，法庭卻還要動員二十幾個員警戒護？試想，被告一個年老婦人，面對脫逃惡徒，怎麼能要求她獨力對抗、報警抓人？法律不強人所難，要老婦人報警抓人屬「無期待可能性」，不應論罪。如今逃犯帶著手銬腳鐐，法庭還要動員這麼多警員戒備，怕逃犯脫逃，不敢解除證人的束縛，還要他帶著手銬腳鐐被訊問。試想，當時這位老婦人怎麼有能力獨力對抗這個逃犯，我們怎麼可以期待她去報警抓人？」

法官請我上前，細聲對我說，他了解我的用意，叫我放心，今天就讓他訊問吧，不要再要求解下證人的手銬腳鐐。

我想我已達到目的，就不再堅持。

法院以後判老婦緩刑。鄉人不知法庭規定，驚訝我竟然可以指揮法官，阻止訊問。村人傳說，對我稱讚很多，沒有想到，因這個案件，使我得到這麼多稱讚。以後我回鄉參選，也因此得到不少支持。

（六）開脫冤情

在我被捕入牢以前，我辦過一件奇怪的刑事辯護案件。一位在南部鄉鎮服務 20 多年，即將退休的老公務員，因貪汙案被判五年有期徒刑，鄉公所將他停職停薪。這位老公務員沒有月薪收入，判刑確定要入牢受刑，也將沒有退休金。他精神崩潰，行將發瘋。

老公務員女兒是位小學教師，專程到台北找我，要求我幫他父親上訴。我將案件上訴到高等法院台中分院，去調卷研究後發現這是一件冤案。這位老公務員是老實人，鄉公所派他擔任鄉內魚市場主任。因魚市場不是獨立機關，不是法人，無法在金融機構用「魚市場」名義開戶，所以在當地農會信用部開戶時，只能用主任個人名義開戶，所留印鑑，是用主任個人一顆印鑑，不過存款存戶註明「某某鄉公所魚市場主任」字樣。農會信用部發給的存摺最初都註明這些字樣，後來開始省略，只記載這位老公務員名字三個字。

調查局因接獲檢舉魚市場財務有弊，派員調查，調查結果，以魚市場所有收入支票都存入這個「私人帳戶」為由，有貪汙侵佔罪嫌，移送檢察官起訴。

地方法院開庭時，被告（老公務員）聘任一位老律師為他辯護。老律師辯說所有入帳的支票款，都有領出使用，並未吞佔。法院發現所說確實，但各筆收入的大量利息仍留在帳戶中。地方法院乃以意圖取得存款利息之「不法利益」，認定有罪，因數目不多，輕判「有期徒刑」五年。

高等法院開庭後，我要求法官調取農會信用部該帳戶開戶資料。農會派員帶來開戶申請表及印鑑卡，證明該帳戶本是魚市場所有，不是被告私人帳戶。農會人員以後填發新存摺，為了簡便，不再註明「某某鄉公所魚市場主任」字樣，只寫被告姓名三字。每次到農會存提，都由魚市場會計小姐辦理，被告從未來過。被告亦說明印章及存摺都由會計小姐保管使用。

高等法院改判被告無罪，老公務員復職，補領停職期間應領的薪水，退休後當然可以領退休金。

被告親友來向我道謝時，我問被告為何在地方法院開庭時，他和辯護律師都沒有說明該帳戶不是他的私人帳戶。被告家人說，被告一向不善言詞，也不大懂北京話，被起訴後，精神恍惚，開庭時六神無主，不知如何答辯。至於那老律師，似乎不大知道金融機構存戶開戶手續，所以不知如何為被告開脫冤情。

我對那些親友感嘆的說，由於案件當事人不懂法律，不知如何辯解，偵查辦案人員不用心，檢察官、辯護人以及法官不用心，台灣不知有多少冤枉案件呢！

陪同前來的一位親友冷笑著說：

「調查局偵查辦案人員怎麼不用心呢？ 魚市場財務有弊，早已風聞，調查局人員查案時，放了實際經手財務的人，胡亂移送主任搪塞結案。真正實際經手財務的人無事。偵查辦案人員才不會不用心呢！不用心的是您們律師，您們檢察官，您們法官呢！」

這是我坐牢以前，最後承辦的一件案件。

二、大學任教

（一）「法學會」成立

因為我在「彰化商業職業學校」時讀了「商事法」（「票據法」、「公司法」、「海商法」、「保險法」及「商業登記法」），到台灣大學法律系就讀時，這些科目都讀得不錯。當時我的「民法」老師梅仲協教授在輔仁大學法律系教授「公司法」及「票據法」。梅教授因年老課多，想休息一年，要系裡找人代課。系主任沈載淇神父是我的「德文」老師，找我去擔任講師代課一年。

　　雖然只是代課一年，但我仍認真備課授課，編寫講義，蒐集資料，用許多我律師辦案的實例，解釋法律條文，讓學生了解。一年未到，梅老師不幸過世，我就繼續授課。

　　不久系裡又開「刑事訴訟實務」課，要我講授，並在課外帶領學生，指導「實習法庭」，每年在全校演出。有一年台灣大學法律系的「實習法庭」也找我去指導，我因此認識了不少的台灣大學法律系的學生。總統蔡英文也是當時參加「實習法庭」活動的學生之一．

　　在中國文化大學「勞資關係系」當系主任的陳繼盛教授，也請我去教「憲法」與「企業法規」。

　　當時由陳繼盛律師領導的年輕法界人士，包括開業律師，法學教授，法官，檢察官常常座談討論，以後決定成立組織，申請設立「法學會」。這個學會學習日本的「法曹」組織，集合法界各種專業法律人，共同討論切磋法學理論與實務。

■姚嘉文律師經常到各大學向學生演講。

「法學會」規定要學習過兩種外國語言的，才可參加。「法學會」申請登記困難重重，名稱部分，一再協調，才取名為「中國比較法學會」，（民主化以後改名「台灣法學會」）。我負責向內政部申請。成立後，我擔任兩屆總幹事。

「中國比較法學會」成立主要目的，是要介紹國外的法律制度進入到台灣，進行法律改革。不過，後來我們發現，如果只是介紹國外的法律觀念及制度進來，而立法院不能接受，就沒有甚麼作用。最後還是要推動國會改革。這是我後來參與政治活動的原因之一。

（二）世界貿易組織

我從美國研究「貧民法律服務」(Legal Aid) 回國以後，與法界朋友組設「平民法律服務中心」，提供免費法律服務。服務中心設在「中國比較法學會」組織之下。

「平民法律服務中心」聘請一位專任律師擔任主任，邀請執業律師輪流到中心服務，並找來大學生擔任志願助理。前後在台北，台中及台南設立三個中心。

因有律師檢舉「平民法律服務中心」涉嫌「挑唆及包攬訴訟」，司法行政部派檢察官前來調查，調查後發文來說明「平民法律服務中心」活動完全合法，使「平民法律服務中心」的活動更為順利。後司法院設立「法律扶助基金會」，惜其服務性質偏重訴訟案件，代付律師費用，與美國重視法律運作的公平性，不完全相同，但對弱者的保護，已進了一大步。

我出獄後，因尚未恢復公權，無法到公私立大學任教，基督教長

老教會邀請我去位於陽明山的「台灣神學院」教書，不久，改到台南的「台南神學院」任教。在我恢復公權，擔任立法委員卸任後，國立清華大學校長沈君山校長，邀請去教書。我不知道這是不是「中國國民黨」授意的安排，但我很樂意去清華大學「通識教育中心」去講授「智慧財產權法」。

我在擔任立法委員時，在司法委員會工作二年。台灣政府為了加入「世界貿易組織」（ World Trade Organization, WTO ），大幅度的修改「著作權法」、「專利法」、「商標法」。

在委員會審查時，有機會看許多書面報告，及聽取行政院經濟部人員的報告，以及立法委員的發言。因為這樣，我對這些法規的爭議，及全球化引起的「智慧財產權法」的立法趨勢，有較詳盡的了解。這些智識對我以後講授有關法規，幫助很大。

國立清華大學的課程，是大學部的通識課程。清華大學沒有法律系，通識課程的學生來自各院各系，背景各有不同。通識法律不是專業科目，只因學校規定有必選時數，有些學生選了課，只是充算學分，到課不認真，上課不專心，我教起課來，有些困難。我常常要向學生說明法律智識的重要性，鼓勵他們認真聽講。

我在基隆的國立海洋大學海洋法律研究所，也開過課：「國際貿易法專題研究」（後改為「世界貿易法專題研究」）。由於我長期對全球化（國際化）（世界化）有關心，及在立法院議事時了解台灣為加入「世界貿易組織」的各項修法經過，所以授起課來，得心應手。

我曾兩次到瑞士日內瓦參訪，順道到台灣駐「世界貿易組織」代表處拜訪，收集教學資料。台灣首任駐「世界貿易組織」代表顏慶章，原為財政部長。當年，行政院為了定位「世界貿易組織」代表處的問

題，外交部與經濟部相持不下。外交部主張駐外單位應屬其管轄，經濟部認為「世界貿易組織」主管貿易談判事項，應歸經濟部管轄。兩部爭論沒結論，最後先由財政部長擔任代表開館。以後多由經濟部系統人員出任。

「世界貿易組織」是世界性組織，號稱「貿易聯合國」。台灣國內一般人對台灣參加此組織的重要性尚未充分了解。我常藉此課程的講授，說明國際貿易的重要性。我曾邀請擔任過國貿局長，經濟部長的蕭萬長，講授過國際貿易事務。我也邀請處理過台灣中國貿易問題的蔡英文，及擔任過「世界貿易組織」代表的顏慶章，到班上講解有關問題。我每學期都帶研究生到經濟部國貿局聽簡報，與局裡官員座談，也帶研究生到「台灣外貿協會」參觀及座談。

■ 1973 年姚嘉文在各地籌設「法律服務中心」，關切社會問題，逐步投身政治運動。

（三）易經教學

多年後，我離開考試院，也離開黨政核心，我到南投縣八卦山麓的唯心宗「易經學院」教授《易經》。唯心宗比較接近佛教，與我一向思考研究的基督教教義，有所差異。但因我講授易學，不涉教義，院方學風自由，合我教學習慣，所以樂於到此教書。

而且，那學院位於山區，背靠八卦山，前眺大肚溪、烏溪，風景山水極美，適合調適長年紛擾坎坷繁雜的生活與心情，同時也可將一生學習《易經》，運用《易經》的人生經驗，結合現代智識，嘗試演繹出新的「生活易經」新觀念。我每學期開一門課，上學期開「易經與法學」，下學期開「易經與領導」。以後改合併講授「易經與人生」，每年度只教一個學期。

到「易經學院」教書，是一個偶然機會。有一年，「易經學院」及各地道場學生聯合結業典禮，唯心宗「易經學院」創辦人張老師（混元禪師）邀我去做專題演講。我以易經「漸卦」象辭「山中有木」為題，闡述「漸卦」的卦意。

《易經》一書，本是中國古時討論官員任事處世之著作，亦在討論人生悔吝吉凶之書。但後世治研易學之學者，有不同之發展。有注重在《易經》經文之考究（「訓詁學」），有專注在發揚經文爻辭變化之神秘含意，有用「易經」論斷風水擇日命運，不一而足。我早年接觸《易經》，只是注意到《易經》啟示吾人在社會上，做人處事之道，多是經驗之談，不涉及迷信及神秘，很有心得。

「山中有木」這一經句，在國內外的書上多只是照文字解釋為「山裏面有樹木」，比較好的，會解釋為「木漸長於山，這是漸卦的象徵」。

「漸卦」的精義，在於世事人事有其逐步發展緩慢變化的過程，改革及做事都必須依循一定步驟，不能操之過急。我舉中國漢朝晁錯與主父偃，處理削減諸侯勢力的歷史故事，說明「處事以漸」的意義。漢朝時，年輕氣盛的晁錯操之過急，企圖立即削減諸侯勢力，釀成「七國之亂」，而老成謹慎的主父偃則採漸進改革的「推恩令」，令各地諸侯去世時，土地由眾子平分，皆分封為侯，諸侯土地越分越小，均無力對抗天子，雖耗時幾十年，但卻達到削減諸侯勢力的目標。

有一次，我又應邀去演講。那年，我剛從愛爾蘭回國。我告訴學員，我在愛爾蘭首都都柏林（Dublin）街上看到一句話：

「You cannot change the direction of wind , but you can adjust your sails.」

（你不能改變風的方向，但你可以調整你的風帆。）

此句原係美國鄉村音樂家吉米狄 Jimmy-Dean 所說：「I can't change the direction of the wind, but I can adjust my sails to always reach my destination. 我不能改變風向，但我能調整風帆，總能抵達目的地。」

我用這句話來說明《易經》知變應變的道理和意義。我提醒學員遇到困難不要以「我沒辦法」「我無能為力」的消極態度迴避問題。

在我離開考試院以後，「易經學院」邀我去開課。我沒有立即接受，因我學的與其他講師有許多不同，講學上有很多不便。後來，「易經學院」表示我可以照我所學所知授課，不必與其他講師講授同樣內容，我才放心去授課。果然，開課後，部分學員感到不習慣，表示沒學到想學的《易經》神秘的特別智識，感到失望。我要很努力的解釋，

說《易經》只是一本教人知變應變的學問，我沒有學到神秘的特別智識，無法講授那些智識。

《易經》這本書，因採用一種奇特的呈現方式，運用八八六十四卦的數字及符號謎陣，舖著一層一層神秘外衣，六爻經文經辭又是一大堆難認難懂的古文僻字，令學習者望而生畏，加上數千年來各家添上千奇百怪的論述，《易經》已變成一本非常難以了解的天書。

其實，《易經》只不過是一本討論「變化」與「應變」智識的書。在今日如此多變的現代社會，掌握「變化」與「應變」的智識，非常重要。

在「美麗島案件」入牢時，牢裡牢外生活環境變化很大。我因有《易經》應變的觀念，很快就能適應牢中不同的生活環境。我把《易經》第53卦的「隨卦」簡化為「三隨」：

1、隨遇而安；

2、隨機應變；

3、隨心所欲。

當進入軍事苦牢時，我先熟悉牢中環境，了解有關規定。然後調整自己生活方式，不斷改變作息閱讀寫作安排，規劃與以前不同的生活計畫，終能適應環境，安心寫作。

在「易經學院」講課時，我將我一生的生活經驗，以及各種所知的歷史故事，用不同的方式教導學生。由於「易經學院」屬於普及教育型學院，學生程度參差不齊，又有部分學員不全能接受我講授的內容，所以我要細心教學，但是也有不少有社會經驗的學生，接受我的講法，鼓勵我繼續授課。

我將一部份教材編寫成一本《生活易經》，將《易經》理論加上現代社會學「適應」「調整」的理論結合，強調現代社會生活，應注意時代的變遷，研究隨時調整變化，避免適應不良。學院將《生活易經》印行，分發各選課學生。

三、美國留學

1972 年，美國在台的「亞洲基金會」(The Asia Foundation) 提供研究獎助金，邀請台灣派人到美國研究「貧民法律服務」(Legal Aid)。因我的碩士論文是寫關於貧民生活的違章建築問題，因此許多人就推薦我去。

在美國，一方面我在加州大學柏克萊分校聽課，一方面在律師事務所研習。因為「亞洲基金會」只提供一年的研究獎助金，時間很短，我自己又有自己的計畫， 想利用在美國的時間，收集資料，撰寫論文，向大學申請升等為副教授，所以要充分利用時間，不能浪費。

我實習的律師事務所有兩種，一種是「社區法律服務基金會」，由專職的律師辦理貧民法律案件，包括民事刑事訴訟及非訟案件，服務範圍相當廣泛。這樣的制度很特別，我在那裡用許多時間去研究其組織模式規章，也曾去旁聽過他們的董事會議，了解有關制度及運作方式。

另一種則是律師公會所設立之「法律服務中心」，由專職的中心主任安排開業律師自願接辦案件。中心主任常帶我去參加公聽會，或去旁聽貧民法律案件的開庭，還安排我拜會相當多的律師事務所，請教他們的經驗及理念。

　　拜會過的律師，印象深刻的是一位土耳其裔老律師。他津津樂道的敘述 1960 年代他在民權運動的參與經驗。

　　當時美國南方對於非裔美國黑人的歧視相當嚴重。黑白公民在法律上雖然是平等，但實際上存有嚴重的歧視。因此，當時的甘迺迪總統為了幫助黑人，就找了許多律師自願前往南方各州協助幫忙。這位老律師就是其中一位。

　　這位老律師告訴我，他在美國南部工作時遇到許多的阻撓。雖當地法律允許黑人參選公職，但實務上黑人參選常被阻擾。他說，有一次，一位黑人想登記參選，選務人員故意離開座位，不接受辦理。於是，這位老律師在第二天，叫候選人找幾個朋友當證人，陪候選人去登記。出發前，大家簽了聲明書，證明他們在幾點幾分時間陪某某人從某地方出發去登記參選，到選舉事務所時，又簽署聲明書，證明他們在法定時間到來。如果辦事人員又藉故離開，他們就可以到法院提告。

　　但是，他又說，其實當地白人官員還是會用許多方式阻止登記參選及阻擾競選活動。比如有一次他應邀要去參加座談會，途中車子被警察攔下，檢查他的駕駛執照。因他的駕駛執照是華盛頓特區的，不是當地的。警察藉口要回報警察局查證，拖延時間一兩個小時才放行。他到會場時，座談會已結束，未能及時抵達發言。

　　又有一次，他借用一家私人房子開座談會演講，隔天那房子就被燒毀。

　　當時南方對於非裔美國人的人權是如此的不重視，他們這些律師就用各種法律方法幫助他們。

　　我前後拜訪了舊金山二十幾家大型律師事務所。每家拜訪一位合

夥律師，一位受僱律師，問他們對提供貧民免費服務的意見，匯集寫成報告。到每個律師事務所我會順便參觀他們事務所整體的空間配置及擺設，學到了許多的經驗，回台灣後對自己以後佈置律師事務所，或幫忙同業佈置律師事務所有很大的幫助。

在加州大學柏克萊分校上課，學習主題是有關「都市化的住居問題」，討論的是大量人口（貧民為多）移入都市後的住居問題（housing problems）。這題目與我的碩士論文台灣都市的「違章建築問題」很類似。

雖然我在台灣大學讀了很多的英文，但日常生活上應用的英語會話，尚待加強。我剛到舊金山在律師事務所工作的時候，就自願在中午時段擔任櫃檯接聽電話的工作，練習英語會話，又參加了「日蓮佛教會」的活動，與當地青年交談，認識當地人民，了解他們的生活，增加英語交談能力。

當時「亞洲基金會」每月只提供美金275元。生活必需非常節儉，而我計畫研究工作結束後，要去歐洲自助旅行，更要省錢。我住在收費很低廉的旅館，裡面多是退休的老人。在那裡我認識各種背景的底層市民，了解他們的生活，和他們開講練習英語。

在美國，學校的風氣和台灣的大學有很大的不同。加州大學柏克萊分校校內有各式各樣的課外活動，也有許多座談會，演講會，各種抗議活動。美國校園的自由風氣讓我留下了深刻的印象。

我最常去的地方是圖書館。那裡地方寬敞，藏書豐富，館內工作人員穿著溜冰鞋來來去去的搬書移動。我每個假日一早就去到圖書館，看書，影印，中餐晚餐吃販賣機的食物，到關門才離開。

　　「亞洲基金會」負責輔導我們的計畫主任，是 Coliver 女士。她是猶太人，會講德語及英語，曾在二次大戰結束後審判戰犯的「紐倫堡大審」擔任翻譯官。我回國後，她又推薦我的太太周清玉前往美國研究。以後 Coliver 女士派駐台灣，與我們家人保持很好很親近的友誼。

　　「亞洲基金會」要求寫研究報告，我就在圖書館收集資料撰寫。同時，我準備向執教的輔仁大學申請升等，也在那裏收集各國票據法相關的資料寄回台灣，回國後寫了一本《票據法專題研究》，順利升等為副教授。

　　我在整個研習的過程中學到許多東西，譬如學到了：「貧民之所以貧窮，不是因為他們沒有錢，是因為他們沒有權」，「沒有法律，就沒有律師」這些觀念。

　　我在研究結束時，寫出的報告是關於「台灣推動貧民法律服務的研究」。我說要在台灣提供貧民法律服務，只提供免費法律服務是不夠的，需要進行法律改革，尤要建立社會福利制度。我進一步說，台灣國會的情況特殊，國會議員對一般人民的權利並不關心，所以要進行法律改革，要先推動國會改革，也就是推動政治改革。

　　這從「法律服務」，進而推動「法律改革」，到參與「政治改革」運動，成為我做一位台灣律師的基本理念與任務。

　　但是，這種律師應有的基本理念與任務，在台灣與國際上都受到強烈的挑戰。

　　當年「世界法律人協會大會」在印尼雅加達召開，「亞洲基金會」推薦我前往參加，發表我的報告。我回國前，到歐洲英國、法國、義大利、瑞士、奧地利，自由旅行一個月後，到印尼雅加達和台灣來的

律師同道會合，參加會議並發表報告。

我報告的觀點引起許多的爭議，受到許多的批判。英美法系國家（包括美國、英國、印度、香港、澳大利亞等）的律師認為律師本職，是依據現行法律提供「法律服務」，如進行「法律改革」工作，尚可以接受，至於推動「政治改革」的工作，已經超越律師任務的範圍，他們不表贊同。不過韓國、印尼等國有些律師則表示支持。

究竟律師該不該參與「政治改革」運動，台灣長期以來在律師界中也是常引發爭議。

■在台北青商會時期的姚嘉文與蘇貞昌。

■姚嘉文與女兒雨靜。

■姚嘉文牽著女兒姚雨靜溯溪。

第三章
政治險路

一、台灣政論

（一）參與政治活動

1975 年 4 月，蔣介石總統去世，台灣政局發生震盪變化。這是繼 1971 年「中國國民黨」政府代表團被趕出聯合國以來，再度激盪台灣政局的大事。

《台灣政論》就在這時候發行。我第一次參與政治運動。

我的家庭不是政治家庭，雖我父親對助選很熱衷，基層選舉不分黨內外，是他支持的候選人，他就積極助選。但他對「中國國民黨」沒有很支持。有一年他支持的和美鎮長陳南山醫師，由國民黨提名競選連任。有一天，陳鎮長到我家吃飯，我父親請幾位鄰居相陪，沒想到陳南山在投票前被縣黨部撤銷提名，藉口說他付錢叫我父親辦桌請鄰居吃飯。有關單位沒有問過我父親，只問了幾個鄰居，就撤銷陳鎮長的提名。以後，陳鎮長來安慰我父親，說那是他們黨內的內鬥，叫我父親不要在意。我小小的心裡就有官場黑暗，選舉齷齪的印象。

雖然我一直對選舉運動非常關心，每次有政見發表會，都會跑去聽，但都不會想要參選，也不會想幫人助選。

大學時代，因為同學的父親陳逸松律師參選台北市長，我和幾個同學跑去幫忙寫標語條，有機會與陳逸松律師面談，很是興奮。這是

我第一個當面相對多談的名律師。但當時陳逸松律師競選的對象是黨外的高玉樹，及「中國國民黨」提名的候選人，各方面的形勢差很多。為甚麼陳逸松律師要參選，我們不了解。

幾年後，陳逸松律師要移民美國，將幾張土地權狀交給我，要我替他處理，償還他的債務。我收下土地權狀，要求他提供債務人姓名、連絡方法以及所欠金額。不料，他不再聯絡，即行出國，再無音訊，而許多自稱債權人紛紛前來索討債款，說陳逸松律師出國前宣稱所有財產都交我處理，由我負責償還，造成我很大的困擾。這使我對所謂「律師」人物的夢幻崇拜，大為減損。以後，他到中國去擔任「中國人民代表大會」代表，令親友失望。他卸任後，到美國德州定居。我出獄後，去德州演講，他和家人來聽，朋友看到我跟他多講了幾句話，對我很不諒解。陳逸松則要我把他當年的土地所有權狀還給他，我真是啼笑皆非。

以後，我對一般參加選舉的人並不都抱有天真好感。

我抱定我可以參加民主運動，但不參加競選與助選。

■ 1975 年發行的《台灣政論》雜誌，當時就設在姚嘉文律師事務所內。姚嘉文擔任法律顧問。

（二）高普考議論省籍嗎？

《台灣政論》發行時，我擔任雜誌社的法律顧問。

《台灣政論》的社長康寧祥與總編輯張俊宏與我，都是台北青商會（Taipei JC International）的會員，本都認識。因聽說《台灣政論》要找地方編輯發行，我便提供律師事務所的會議室做為雜誌編輯室。就這樣我參與雜誌的發行，擔任雜誌的法律顧問，也因而參與民主政治運動。

在這時候，我認識郭雨新，也與黃信介更加熟悉。

我在《台灣政論》發表一篇「高普考還要論省籍嗎？」批評公務人員高普考錄取制度的不公平。

■ 1975年姚嘉文在《台灣政論》以「以高普考還要論省籍嗎？」揭開改革國家考試序幕。

　　「中國國民黨」政府，引用南京時代制定的憲法及考試法條文，在台灣舉辦公務員高普考試時，仍依據中國各省原有人口，分配在台灣各省籍考生的錄取配額，以保障在台各外省籍考生的利益。在台灣的外省籍考生人少，台灣籍考生多，但外省籍考生錄取多，台灣籍考生錄取少，很不公平。

　　關於此議題，事後不斷有人提出討論，有指責考試院「抱殘守缺」者。其實，問題不在考試院，而在憲法與考試法的規定，更是「中國國民黨」政府的政策，是給予在台灣的外省人優惠待遇整套制度設計的一部分。

　　有一位學者以謝無忌為名寫過一篇文章，指摘考試院「抱殘守缺」。他說：

　　考試法在一九二九年制定時，規定「各省區之公務人員考試，分別在各省區舉行，應考人以本籍為限。」「全國性之公務人員應分省區或聯合數省區舉行，並應按省區分定錄取名額，由考試院於考期前三個月公告之，其定額比例標準為該省區人口在三百萬以下者五人，人口超過三百萬者，每滿一百萬人增加一人。

　　考試院並在一九四八年依據當時內政部所公佈各省區人口數目，訂定各省區錄取人數的比例標準，其中江蘇省四十四人，浙江省二十二人，四川省五十人，台灣省八人等等。

　　一九五〇年台灣開始辦理高普考試，本來依照考試法原來規定，只能辦理台灣省區考試，但考試院只用集中考試，分省籍定額的辦法，與憲法與考試法的規定，背道而馳。

　　當時中國各省來台人數與各省區原有人數不成比例，不但台灣人吃虧，而且也會發生大陸各省應考人之間不公平現象，一九五一年台籍人數突然增加，本省外省人不公平現象很嚴重，當年總到考人數為二四〇九人，其中台籍有七七四人，為總人數的三分之一，但錄取人數依照規定標準仍只有五百四十八分之九（因台灣人口增加，名額增加一人）。

　　學統計出身的姚嘉文，收集各年度及格人員的資料，攻擊考試院抱殘守缺，這種殘存的分區定額制度的不合時宜，政府不但不想廢止，並且在一九六二年進一步修改考試法，保障無人錄取的省區，增列「但書」規定。如果某一省區無人錄取，對於未達及格標準的該省應考人中成績雖未及格，但成績不低於十分者（如六十分及格，有人在五十分以上者），可以錄取一人，一般高普考的競爭很激烈，常常因零點一分之差落榜，降低十分的優待，絕對是不公平的事。（謝無忌應為筆名）

　　我的文章在《台灣政論》發表後，引起激烈的回應。「中國國民黨」刻意曲解文意，全面性打擊，宣傳說我的文章是在分化本省人及外省人。行政院長蔣經國甚至在立法院藉詞拍桌大罵，說外省人本省人都是中國人，「為甚麼外省人不能錄取？」，他又指責我的文章所說不實。他說：

　　「這是有人企圖挑撥本省人與外省人的感情，找題目故意刺激人心……國人應不分省籍，發揮風雨同舟精神，達成反共復國的神聖任務……政府對全國同胞，不分省籍，一視同仁，如手如足」。

　　據說蔣經國因此知道我這個人，從此列為必抓名單之內。我也因

此更不相信蔣經國會主動推行政治革新。雖然蔣經國集團不斷提出「革新保台」的口號，我並不很相信。

以後有人寫文章論述這件事，說：

　姚嘉文在異議界嶄露頭角，成名作正是「高普考還要論省籍嗎？」，這篇文章引起社會的重視與討論，成為「熱門話題」，並且掀起了軒然大波，文中，他以統計資料，讓數字說話，指出中國淪陷後，國民黨政府來台，在台灣舉行「全國性」高普考試，仍然沿用「分區定額錄取辦法」，依照中國各省區參考人數按人口數目分配錄取考生，這種保障中國各省區名額的辦法，是限制台籍考生錄取的不合理歧視制度。

當年冬天，台灣舉辦立法委員選舉，康寧祥在台北市爭取連任，郭雨新則宣布不再參選省議員，改在大台北區（基隆市、台北縣、宜蘭市）參選立法委員。

■ 1975 年郭雨新（左二）、姚嘉文（右一）與外國友人。

　　《台灣政論》工作人員，包括我，張俊宏，原則上就近幫康寧祥助選。張金策及黃華則為郭雨新助選。郭雨新的競選總部設在宜蘭，我們只能幫他們寫文宣，不能到場演講或拜訪或分發傳單。

　　競選活動開始，宜蘭方面一直來電話，邀請黃信介與我去為郭雨新助講。黃信介問康寧祥，康寧祥不同意我們去，要我們留在台北，專心為他助講。黃信介無奈，沒有答應宜蘭的邀請。我也不敢一個自己去助選。宜蘭方面又一再催請，因此，黃信介要我再去問康寧祥，康寧祥還是不同意，說：「蔣經國不要郭雨新當選，你們去助選有甚麼用？」我這樣轉告黃信介，兩人就決定回絕不去了。

　　隔天黃信介對我說，他太太知道這件事，很是生氣。她不同意康寧祥的說法，堅持我們一定要去為郭雨新助講。黃太太拿了錢給黃信介，讓我們二人住旅館，吃東西，無論如何堅持我們要去宜蘭羅東鎮助選。

■「牛背上的民主騎士」郭雨新，攝於 1975 年 12 月 23 日立委落選謝票之夜，郭雨新請選民一起和他高呼「台灣民主萬歲！」。

　　我從來沒有在選舉活動中上台演講過。我雖是郭雨新的法律顧問，但沒有依當時的選罷法規定遷戶口申請為助選員。當時的規定不是助選員是不准上台演講的。

　　我們到了宜蘭羅東鎮，找到羅東公園的演講場，演講場聽眾很多，有檢察官在場監視。大家看到我們到場，非常興奮，請我們上台演講，檢察官馬上過來阻止。由於群眾的要求，而且我們既然來了，就應該上台演講，於是，黃信介就說我們上台助講吧，但他說姚律師你是律師，懂得法律，你先上台講些法律，叫檢察官不要阻擾，然後他才上台。於是我就走前準備上台。

　　我要上台時，那個年輕的本地檢察官又過來阻止，客氣地對我說，您沒有助選證，不可以上台，不可以助選。台下聽眾見狀鼓譟抗議，檢察官不強力阻止。我安慰檢察官說，我是郭雨新的法律顧問，我只是以候選人法律顧問律師身分，上台向大家說明一些法律問題，我只「講兩句話」而已，不是要助選。

　　於是，我上台將競選總部前前後後交給我，對方候選人違反有關法律規定的競選行為，一件一件的向群眾說明。我前後講了 30 分鐘。我演講時，幾台掛著電視台名牌的攝影機，逼近我面前放燈拍攝，強光逼近我雙眼，我看不到台下觀眾，影響我講話。我知道這只是有關機關的蒐證行動，不是電視台的採訪。

　　我耐心的講完，群眾掌聲大作。我走下台，檢察官過來對我說：

　　「姚律師，你剛才所提對方候選人違法競選活動各項，請你寫個書面給我，我來查辦。」

我回答說：

「我演講時，你們不是都有錄影了嗎？ 為甚麼還要我寫書面？」

在旁邊聽我們講話的田媽媽，大笑地說：

「姚律師剛剛說，要講兩句話，竟然講 30 分鐘。他寫文章大概都不用標點符號的吧！」

這是我第一次做助選演講，從此引我進入選舉運動的路。郭雨新落選以後，我與林義雄律師共同承辦他的選舉訴訟，以後將助選及訴訟經過寫成《虎落平陽？》一書。

■ 1976 年 1 月 6 日，林義雄、姚嘉文律師為郭雨新提「選舉無效之訴」及控告林榮三「當選無效之訴」的選舉官司，對選舉的不公提出法律訴訟。

■ 1977 年 1 月，姚嘉文與林義雄律師出版《虎落平陽》，記錄郭雨新競選立法委員選舉與訴訟過程。

■ 1979 年 5 月，姚嘉文與陳菊共同出版的《黨外文選》。

二、虎落平陽

　　1977 年，郭雨新表示，不再參選省議員，推薦林義雄接著他參選。林義雄就先把郭雨新選舉有關資料，交給我，我又把閱卷、開庭的筆記等等，整理出來，兩人合作，寫成一本書：《虎落平陽？》。這本書很幸運的沒有被查封，順利的發行，並到處發送。當時「台灣警備總司令部」內部討論結果，認為不必禁止，據其內部資料顯示：

　　該書顯已違反戒嚴時期出版物管制法之規定，依法應予查禁，惟自廿五日上市發行以來，及其分贈外籍記者及黨外份子等情而言，實已達到其散佈之目的，且以著作者均係律師身份，

必先考慮其後果，并將相機製造事端，掀起國內外相互策應，（查禁）不僅於事無補，徒增困擾，抑且刺激該書暢銷，提高作者知名度。故此一作法利少弊多，似不相宜，仍協調新聞傳播機構不予介紹或宣傳，而作適度之抵制為佳。（事實上該書定價八十元，約廿二萬字，如非別有用心人士，將無興趣購買閱覽，其流傳目的似難達成）。

因此《虎落平陽？》一書沒有被查禁。我以後寫的《護法與變法》也沒有被禁，但與陳菊合編的《黨外文選》就被禁了。當時「台灣警備總司令部」內部討論資料顯示：

由台北縣板橋市長江路二段 310 號四維印刷廠印製姚嘉文、陳菊編註並發行之「黨外文選」乙書（廿四開本全乙冊，楷紅色封面套白字標題，封面并以余登發及許信良為封面人物。全書一九〇頁，中華民國六十八年五月廿七日出版發行），內容淆亂視聽，挑撥政府與人民感情，核已違反台灣地區戒嚴時期出版物管制辦法第三條、第六、七款、依同法第八條之規定，應予查禁。

在林義雄宣布參選以前，本屬「中國青年黨」的游錫堃早已進行競選活動很久。我們認為「中國國民黨」候選人以外的黨外如果二人參選，宜蘭縣的兩席必然都是「中國國民黨」候選人當選。因此，黃信介、康寧祥、張俊宏和我等人出面去勸游錫堃退讓。

游錫堃的誠心退讓，並認真助選，建立了一個很好的範例，受到宜蘭縣民的肯定與尊敬。「美麗島事件」發生，林義雄被捕入牢，下屆省議員選舉，游錫堃被推出參選，無人反對，也順利當選。他

■ 1977 年底黃信介立委與姚嘉文律師到宜蘭縣，為林義雄省議員助選。

■黃信介立委（左四）與姚嘉文律師（左三）攝於林義雄宜蘭省議員競選總部。

一路順利擔任兩屆省議員，兩屆縣長，以後進入中央，擔任總統府秘書長及行政院長。

林義雄律師要我去宜蘭助選，我就照規定把戶口遷到宜蘭縣五結鄉林義雄家中。我與游錫堃負責競選總部的工作，游錫堃擔任總幹事，我擔任助選員。

游錫堃表示，他沒有領導工作團隊的經驗，不敢接任總幹事職位。我告訴他，你要在地方參選，由你出任總幹事比較好。至於有關工作，包括與全國黨外人士的連絡，與選務機關，選監小組的交涉，以及競選活動的規劃，我來負責。他負責與縣內各地郭雨新的支持者與義工連絡，以及選舉演講，各地選情資料的收集研判。

林義雄得到郭雨新系統及黨外系統全力動員支持。來自各地的黨外人士，亦紛紛到來助陣。「中國國民黨」黨部雖用各種方式打擊，林義雄還是以最高票當選。

「中國國民黨」對我到宜蘭縣助選非常不滿。選後，由其「智識黨部」出面要求輔仁大學法律系開除我。輔仁大學法律系不同意開除，僅同意新學期後停聘。

我下一學期沒有收到聘書，黯然離開輔仁大學法律系，心裡很難過，但反而加強我參加民主運動的決心。1978 年，更決定回彰化參選國大代表。以後積極參加《美麗島》雜誌社的活動。

「中國文化大學」勞資關係系則繼續留我任教，不受影響。

我在坐牢時，聽同牢人說，「中國國民黨」黨部以後有人認為，當時不應迫使「輔仁大學」法律系將我停聘。他們認為若我繼續在輔仁大學法律系任教，我就不會回彰化參選，也不會積極參加「美麗島

■ 1977 年 11 月 19 日，中壢國小校長范姜新林在桃園縣長選舉時作票，抗議國民黨作票群眾包圍分局，將中壢分局前所有警車翻毀。攝影 / 張富忠

■ 1978 年姚嘉文擔任台北青商會副會長（右），邀請桃園縣長許信良（左）來演講。

雜誌社」的活動。若我不參加《美麗島》雜誌社的活動，「美麗島運動」發展也許會不一樣。

我出獄以後，「清華大學」邀請我去授課，「中國國民黨」沒有去阻止，是否是已經學到教訓，不得而知。

過了快三十幾年，很久之後，「輔仁大學」校方又回來找我，希望我能夠回去開課。因之前的事情，我心裡仍然有芥蒂，沒馬上接受。後來校方要我在研究所開課，不是在大學部開課，我才接受，一直教到 2016 年。教的課程是「法治的實務運用研究」。

三、回鄉參選

（一）護法與變法

1977 年發生「中壢事件」，黨外推我負責「中壢事件」刑事被告的辯護，我要接見家屬，要閱卷，要到看守所接見被告，要寫辯護狀，要開庭辯護，用去我不少時間。

「中壢事件」的發生，對台灣的政治影響重大，各地展開熱烈的參政運動，許多人受到鼓勵宣布參選。我本來沒有參選計畫，但彰化縣朋友及很多熱心的黨外人士，紛紛前來鼓勵我回去，參加立法委員或國大代表的選舉。

我對立法委員的工作沒有興趣。因為立法委員的工作繁忙，必須停掉原本律師事務所的工作，也沒能有時間在大學教書。國大代表則不會影響我原本的工作。我徵求許多人的意見，大家都建議我去選國大代表。

■ 1978 年姚嘉文競選彰化縣國大代
　表，在公辦政見會上傳達選民政
　治理念。

■ 1978 年姚嘉文出版
　《護法與變法》。

我認為台灣重要的是憲法改革，彰化縣並沒有太多人在討論這個議題，必須去開拓，去宣導。因此我決定參選國大代表。

我把所寫的一些文章整理出書，書名叫《護法與變法》。做一個法律人，應挺身捍衛法律，伸展人權，我常做這種事，黨外人士戲稱我是「黨外大護法」。但是，當法律制度不合時宜，或法律制度違反正義時，則應進行「變法」工作。「護法」與「變法」兩者必須兼顧。

「變法」觀念一直是在我的心中，尤其當黨外人士共同主張把「解除戒嚴」「國會全面改選」和「修改憲法」列為共同政見時，更要宣導「變法」觀念。我在《護法與變法》書中談憲法，談戒嚴法，談國會，把台灣的政治改革的主張，和法律改革連結起來。

一位在台灣研究政治的美國學者，因此建議我的書加上一個英文書名：《Law － Taiwan Crisis Intervention》（法律 -- 解決台灣困境的手段）。他認為既然大家都說，解決台灣的困境是透過「變法」手段的法律程序去處理戒嚴、國會與憲法，那麼做為一個法律人（Lawyer）就應該強調法律的重要性，及法律人的任務。所以他認為「法律」是解決台灣困境的手段與方法。

我在《護法與變法》書的附錄，收錄了兩篇與戒嚴有關的文章。一是「戒嚴的政治問題與法律問題」。另一篇是「訪姚嘉文律師，談戒嚴法」。這些是當時比較直接討論「戒嚴」問題的文章。我很用心在研究台灣的「戒嚴」問題，不斷說服黨外人士要推動「解嚴」運動，終於列為黨外三大主張之一。

在《護法與變法》書中說明我為甚麼要選國大代表：

臺灣自從光復至今，政治活動一直在戒嚴法下畸形的發展

着。許多不合理的政治狀態，繼續存在未有改革，這個本來最可能發展高度民主生活的社會，却一直因而滯礙不進。人民權益沒法受到保障，政治活力死氣沉沉。主要原因，是因為憲法制度與現實發生脫節，發生「憲法危機」的問題。

我執業律師以後，參加黨外的政治工作，在全省各地奔跑，參與各項政治活動，以律師身分，依據法律，據理力爭，但是我遭遇了許多困難。我覺得在現行體制之下，人民應有的政治、經濟、言論自由等各項權利，無法獲得保障。

我發現只有大事改革政治體制，修改憲法，改組國會才是我們的出路。而要達到這個日的，除了關心以外，積極參加政治活動，才是我們爭取出路的最佳途徑。

於是我回去彰化縣故鄉，開始選舉的準備工作．雖然我是彰化縣出身長大，但是我已長期居住台北市，對於彰化縣各地選舉椿腳的人脈並不熟悉。我去找了在母校「彰化商業職業學校」擔任過教師的王登岸老師幫忙。他以前是石錫勳醫師的競選總幹事。

石錫勳醫生原本是彰化縣衛生局局長，曾以黨外身份參選縣長。他熱心參加黨外活動，支持「自由中國」雜誌的雷震先生的組黨工作。後被「台灣警備總司令部」以叛亂罪名拘捕，判刑八年。後來他雖獲得保外就醫，但禁止他在彰化縣居住，逼他搬到高雄市與兒子同住。

我到高雄市去拜訪石錫勳醫師。他警告我參與政治活動的危險，說隨時都有被拘捕的可能。但他不反對我參選， 他鼓勵我參與民主運動，只建議大家要很小心謹慎的處理選舉相關的事務。他寫信給王

登岸老師，說姚某人要參選，形同自殺，但既然他要參選，大家就要全力協助支持。

（二）美國斷交、選舉停止

競選籌備工作在陳耀煊醫師家進行。陳醫師以前是石錫勳醫師的幹部。經王老師及陳醫師的號召，彰化縣各地的黨外人士紛紛歸隊集合，很快組成堅強的助選團隊。

競選準備工作進行順利，但在擬競選訴求時，我與地方人士就有不同主張。

當時全國黨外人士參選有共同政見，其中以「解除戒嚴」及「國會全面改選」最為重要。但有經驗的地方幹部不同意我們的主張。他們說以他們長期助選的經驗，在彰化縣參選一向都主張三大訴求：一要抨擊同樣是黨外人士的其他候選人，二因為人民對警察非常反感，要大力的謾罵警察。最後要批評政府收購稻穀的價錢太低！

我都不能接受他們的意見。我說我這次參選的目的是要宣揚黨外的共同政治理念，不能只為了當選而去打擊同樣是黨外的候選人。罵警察也是不對的，因為當時警察都受制於「台灣警備總司令部」軍人，不滿警察對黨外人士的壓制，應該去罵「警總」，不是去罵「警察」，應該去討論解嚴的問題，去主張撤銷「台灣警備總司令部」才對。

至於稻米的價格問題，本是「中國國民黨」政府犧牲台灣農民，協助資本家發展事業的「以農養工」的政策。這屬於省議員及立法委員的職責。我要選的是國民代表，應該去討論憲法層次的事務，不適宜討論這些議題。

■為老百姓的權利向國民黨挑戰的
姚嘉文。攝影／陳博文

■1978年「黨外大護法」姚嘉文
競選國大代表海報。

　　我了解地方人士一向避開諸如「戒嚴」「國會」這些議題，以免遭受打擊。如果我也為了躲避「中國國民黨」的打擊，只討論地方議題，不是我回鄉參選的初衷。同時，我了解大部分黨外地方幹部並不熟悉諸如「戒嚴」「國會」這些議題，我覺得更有義務宣導這些議題。

　　但是，我的說法招來許多的批評。同是黨外的洪姓候選人就批評我不關心農民的生活。我很努力地說明國大代表的任務，是在討論更高層次的議題，包括解除戒嚴、國會全面改選及修改憲法等等。我在出版的《護法與變法》書裡，都詳細寫清楚。我把《護法與變法》大量在各地分送，特別是分給地方的知識份子，讓選民了解黨外的政治理念。

　　當時國民大會有國大代表 1100 位左右，但是當年台灣全國只選 56 位，彰化縣只選 2 位。許多民眾看了我的書，都好奇問其他那些代表是從哪裡來的？經過說明後，他們慢慢了解「國會全面改選」的主張。後來很多人也開始討論戒嚴問題，而從台北來幫我助選的人，像是黃信介、康寧祥等人的演說，也都主要闡揚這些議題。

　　台灣黨外的力量雖然十分雄厚，但是在戒嚴令下無法發展足夠理念跟組織，所以成長緩慢。雖然「中壢事件」以後有很多人出來參選，可是他們的競選方式仍是抨擊對手或「中國國民黨」，而未能多談政治理念。

　　我耐心的說服各界人士，而以陳菊為主，從南北前來的幾位大學生，不斷的推出各種議題的海報，也發揮了很大的作用。彰化縣的競選幹部，及各地的選民，慢慢的跟上全國流行的議題。

　　競選活動期間，美國卡特總統發表聲明，要進行「中美關係正常

向國民黨挑戰的——
⑧姚嘉文律師
決心競選國大代表

　　國民黨統治台灣三十年來，黨外民主人士的奮鬥，是促使台灣走向民主的主要力量，這股力量，因為姚嘉文律師的參與而更加壯大，他運用法律，一再向國民黨挑戰，使國民黨不能再毫無顧忌的為所欲為。

　　姚嘉文律師已登記競選彰化縣國大代表，他將更進一步，用法律的手段向國民黨的政治體制提出挑戰。

台灣政論

　　民國64年8月，黃信介、康寧祥和張俊宏等人，創辦了一份極受國內外重視的『台灣政論』，這份雜誌對國民黨政府提出強烈的挑戰。姚嘉文律師不但受聘為『台灣政論』的法律顧問，並且也在該刊發表文章。他在〔憲法與國策不可以批評嗎？〕一文中說：「對於現行憲法的批評，並不是什麼值得奇怪的事」，「民主國家的人民既然可以依法制定國策，否定國策，那麼批評國策絕沒有什麼不可以的」，國民黨無言以對。

姚律師與地方父老在林義雄事務所

宜蘭立委選戰

　　64年11月，獻身台灣民主運動卅年的議壇虎將郭雨新在第一選區競選立法委員。國民黨用盡手段打擊郭雨新，姚嘉文律師受聘擔任其法律顧問，他在羅東的一場演講會上說：「國民黨自己違法競選，竟然說別人不守選舉法規，真是有嘴說別人，無嘴說自己」，在場的檢察官滿面通紅。

◀姚律師在政見審議上演講

姚律師與林義雄在法庭

賄選官司

　　64年的立委選舉結果，財閥林榮三在國民黨的庇護下，公然分發肥皂賄選，因為握有實據，郭雨新乃委託姚嘉文律師和林義雄律師提起當選無效之訴。雖然鐵證如山，卻仍然敗訴，姚律師在法庭上很憤慨地指出：「我們要給誰作立法委員，算一算投他的人多少，而不是算他能夠買多少肥皂，不是看他有沒有錢，是看有多少選民支持他。」

　　姚嘉文辦事處：彰化市民族路286號　電話：(047)222782～3
　　購買書籍請到辦事處或彰化市民族路南門市場口合益利商店。

■ 1978 年姚嘉文競選彰化縣國大代表傳單。

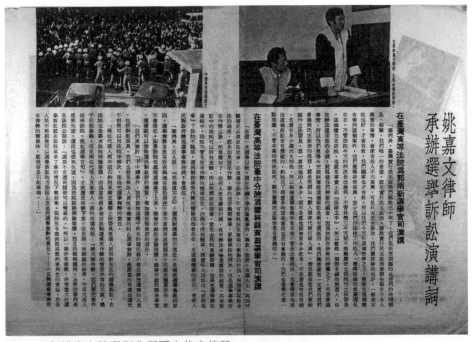

■ 1978年姚嘉文競選彰化縣國大代表傳單。

化」，承認中國北京政府代表中國，斷絕與台北「中華民國」政府的承認與外交關係。蔣經國宣布選舉停止。

選舉停止以後，競選總部沒有立即解散，因不曉得何時恢復選舉。從停選開始，各地群眾運動仍是繼續舉辦。我們仍到處去串聯、活動、演講。

（三）小學生義工與警察

在選舉運動中，看到學到很多事。

我出版一本小冊《法律必須代表社會正義》，說明律師從事實際

■「法律必須代表社會正義」小冊子。

的政治活動，是台灣律師為追求正義所應該做的事情。法律的力量是代表社會正義，所以社會上所發生的任何問題，包括政治問題 -- 即使不是全部，也有部分 -- 是可以利用法律的力量得到比較合理的解決。

這是一本法治觀念的大眾教育的宣傳小冊。不久，傳出我到一間小學分發時， 我們離開後，小學校長馬上拿那小冊向「中國國民黨」縣黨部檢舉。原來那位忠貞愛黨的黨員校長把《法律必須代表社會正義》的「社會正義」，匆忙看成「社會主義」。

競選運動也是一種國民教育。台灣社會對「中國國民黨」政府不滿，會支持敢站出來，在競選活動中批評或謾罵「中國國民黨」的候選人。但一般人對政治認識不清，一心只想要滿足心理的不滿，不知要如何改革政治。有些號稱「黨外」候選人，利用選民這種心理，在競選活動時大聲謾罵「中國國民黨」，滿足選民情緒。 當選後擔任民意代表時，則與「中國國民黨」政府充分合作，並未對政治制度及

政策進行改革或加以批判。

一般對政治運動認識不多的人，對參加黨外運動，心存畏懼，特別怕警察。

我的選舉活動開始，警察局因前一年發生過「中壢事件」，局長分別拜訪我登記的助選員，希望選舉運動中不要對警察局有敵對的行動。有助選員看到警察來訪，奪門逃走，不敢與分局長見面。以後，分局長只好要求競選總部派人陪同，才得和助選員見面。

有一個我同村的國小學生，對競選活動很感興趣，下課後或週末常來幫忙分發傳單。有一次，我們到溪湖鎮街上拜訪，他到各店家沿路分發傳單。到一家冰果室時，我看到他臉色蒼白衝了出來。我問他甚麼事那麼緊張，他慌慌張張的指著店內說：「裡面有警察！　裡面有警察！」

我安慰著他，帶他進入店內，看到店內有幾個警察在吃冰。我走向他們，與他們打招呼，那幾位警察，站了起來，與我握手。我問他們是那個派出所的，所內有多少警員，然後叫那小學生拿傳單給他們，拜託警員帶回去分發。小學生雖很緊張，但分了傳單後，很得意的離開。

數天以後，我回競選總部，看到那小學生坐在椅子上喘氣休息。我問他今天去了哪裡，他很得意的站起來，回答說，他們去沿海村落分發傳單，他說：

「海邊風好大喔！　我口渴，去派出所發傳單，向警員討開水喝！」

我好奇的問：

「你怎麼跑到警察派出所討開水喝？」

這位小學生很得意的回答說：

「我跟宣傳車分傳單到海線海邊，風很大，我口很渴。分傳單到那個派出所，我進去問，請問您們有幾個警員，他說幾個，我就給他幾張傳單。然後問說，我口渴，可以給我一杯開水嗎？ 那位警察說好，就去倒一杯開水給我。」

說完，又哈哈得意大笑。

我想到上個禮拜，這位小學生看到警察還嚇得翻身臉白，如今敢獨自進入派出所發傳單討開水，進步很大。

如何提高台灣人民，特別像彰化縣這種農村人民，對政治的了解，和問政的勇氣，是我們參政運動的另一種目標。

（四）警告單

當年黨外候選人共同政見之一，是「中央民意代表全面改選」（「國會全面改選」）。 這個政見訴求，六年前（1971）上次國大代表選舉，已經有人提出，並登在選舉委員會發行的選舉公報。六年後這次選舉，不但在選舉公報被刪除不能登，而且在公辦自辦的政見發表會也不准提起。據中央日報記者告知，是「台灣警備總司令部」下令禁止提起，要檢察官嚴格執行。

於是我們決定抗爭。在一次公辦政見會上，當我提到國會應該全面改選時，在講台上監視的檢察官劉國文，馬上出面制止。他開出一張紅色警告單，上面載明警告單三次就取消候選資格。我收下警告單後，向台下的聽眾說明，群情譁然，反而引起選民對「國會全面改選」議題的興趣。

　　第二天，我的競選總部準備了一份我寫的「警告書」，警告檢察官不得在我進行政見發表會時，強加干擾。我說國大代表候選人主張「國會全面改選」，為合法行為，擔任選舉監察工作的檢察官，不得用開出警告單方式干擾演講，誤導選民，不利候選人的競選活動。

　　這一天的公辦政見發表會，仍然是劉國文檢察官到場。我一開始，就說昨天劉檢察官開了我的紅單，今天我還是要講國會應該全面改選。我講了一回，劉檢察官沒有動靜。我問他是不是聽不懂台語，他沒有回應，於是我改用北京華語講，再說一次，他仍然沒有動靜，我問他為甚麼沒在那裡開紅單，是不是沒帶筆，我拿筆要借給他，他很不耐煩的推開我。

　　接著，我把我的「警告書」送到他面前的桌上，然後指示在聽眾席的助理，分發「警告書」的影印本給聽眾，特別是給在場的記者。第二天，包括高雄的「民眾日報」登了這條新聞。在以後競選活動中，台灣各地的檢察官再也不取締「國會全面改選」的政見。

　　事後，中央日報記者告訴我，「台灣警備總司令部」因怕引起選民反感，反而更關心國會議題，第二天一早，就通知各地檢察官不要取締候選人的這個主張。

（五）「黨外人士」黃順興

　　因為回彰化縣參加選舉，和當時擔任立法委員的黃順興，以及擔任國大代表的張春男更多認識。以後黃順興到中國去擔任「中國人民代表大會」代表，張春男去擔任「中國政治協商會議」委員，使彰化縣的黨外勢力受到很大的影響。

■ 1978 年 12 月 5 日，「全國黨外候選人座談會」，在台北市中山堂舉行，由右起姚嘉文、黃信介、黃玉嬌擔任主席，會中發表 12 項政治建設。攝影 / 陳博文

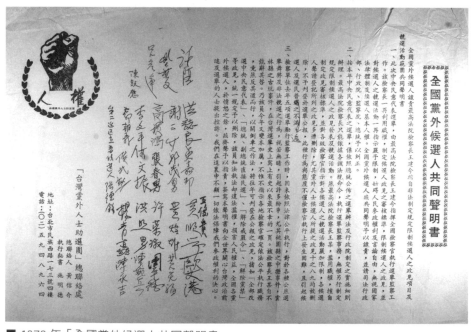

■ 1978 年「全國黨外候選人共同聲明書」。

　　「中壢事件」發生前，黃順興在彰化縣受到黨外人士普遍支持。
1978 年，我回鄉參選時，台灣政局發生變化，選民興趣及關心的議
題及話題，與前不同。以抨擊「中國國民黨」為主訴求的黃順興的支
持度，大為減少，政見發表會盛況不再，他心情低落。多年後，卸任
「中國人民代表大會」代表，仍然住在北京。有一次，他回來台灣訪
問，彰化縣他的支持者雖仍然為他辦理歡迎餐會，但要求他不得為中
國宣傳，表示「我們以同鄉身分歡迎您還鄉，不以同志身分歡迎您」，
使他有些不自在。

■ 1978 年姚嘉文在彰化縣競選國大代表總部，位於彰化市民族路、曉陽路口的精神堡
　壘「為台灣人爭一口氣」。攝影 / 陳博文

黃順興定居北京，在年達 70 歲，可以回台定居恢復戶籍時，為了去日本，回來申領台灣的護照，我曾打電話給他。問他您不是有中國的紅色護照嗎，為甚麼還要回來領台灣綠色護照？他說，台灣護照去日本方便，中國護照去日本很麻煩。

張春男 1978 年參選立法委員，與黃順興競爭，聲勢不好。「美麗島事件」發生，也被捕坐牢，出獄後，去中國擔任「政治協商會議」委員，與彰化地區黨外人士斷絕關係。以後回台，想參加選舉，風光不再。

這兩人的事蹟，讓我與所謂「黨外人士」的交往，並不再都存崇拜幻想。

（六）吃湯圓聊天

彰化縣原為農業縣，已逐漸走向工商業縣。有很多年輕工商企業家，雖平常忙於事業，但因經常出國，也較有智識，多關心台灣前途及國內政治，喜歡與黨外人士座談對話。我是「台北國際青商會」會員，彰化縣的各青商會常邀我去演講，想要知道台灣前途，台灣安全，國際情勢等等問題。

鹿港鎮沿海有許多鰻魚養殖場，因遠離市區，地方偏僻，交通不便，是政治座談的理想地方。我時常在那些地方與青年朋友聚會。久而久之，參加的人數越來越多。本來偏僻的地段，突然夜間外面停了許多汽車及機車，養殖場的狗群看到外人進來又吠叫不停。這裡已不是理想的秘密座談地方，遲早會被情治單位發現。

有一次，我又被邀請參加座談會，地點訂在台中市一家小旅館。

主辦人交代來倒茶水的中年女服務生，倒水後不讓任何人進來。那女服務生以為我們要關門聚賭，便說，好，但您們賭博時不要太大聲，不要吵到其他房間。座談會結束後，那女服務生來送客，問那位先生贏了，請賞我一些錢，吃吃紅吧！大家會心一笑，主辦人拿了一些錢給她，她道謝後，說，以後要賭博請再來我們這裡。

又有一次，我在一處學生校外租處和十幾位學生，吃湯圓談政治。「台灣警備總司令部」一位便衣軍官由管區警員陪同到來，要求大家解散離開。他認得我，說姚律師，我們接獲檢舉，您們在戒嚴時期，非法聚會，您身為律師，知道法律規定，不要帶頭違反戒嚴令啊！

我客氣的回答他，我們在吃湯圓聊天，跟戒嚴令有甚麼關係？

他看說不動我，便轉向那些學生，要他們離開。有學生說他們就住這裡，為甚麼要離開？他就說不是住這裡的，馬上離開。我叫學生都不要離開。那位軍官看看勸不走大家，就拿出紙和筆，說：

「各位同學，這樣了……你們快快吃好湯圓，回去學校，不要再與姚老師在這裡講話了…現在請各位同學把你們的姓名，就讀的學校，系所名稱，寫給我，我就離開。」

那軍官叫警員分發紙張及筆。我雖阻止學生，學生還是規規矩矩的在寫。寫完，軍官及警員離去。我罵學生不聽我的話，何必寫字報名給他。一個學生安慰我說：

「老師，您放心，我們都寫假名字，假學校，假系所的。」

■黨外人士到高雄縣橋頭鄉示威抗議遊行，1979年1月22日在余家門前出發，由陳婉真（左）與陳菊手持「堅決反對政治迫害」走在隊伍最前頭，要求「立即釋放余氏父子」。攝影／陳博文

三、五人小組

（一）戒嚴時期第一場政治遊行

1978 年 12 月，在選舉投票前幾天，美國卡特總統宣布要與台灣斷絕外交關係，蔣經國發佈緊急處分，宣佈台灣選舉停止，引起台灣政治大震撼。1979 年 1 月 21 日，「台灣警備總司令部」逮捕前高雄縣長余登發父子。

余登發被逮捕以後，桃園縣長許信良，趕去省議會，召集各地黨外人士集會討論。當時我在彰化縣地方拜訪，接到通知後立刻赴會。許信良主張要去高雄縣橋頭鄉余登發的住處舉辦遊行抗議。他說「台灣警備總司令部」最怕群眾活動，我們不能坐以待斃，一定要一起採

■郭一成、張俊宏、許信良、姚嘉文、黃順興、周平德、施明德、陳菊、何春木等人，個個身披紅色布條，書寫著自己的名字在余家門口，高舉抗議大布條合影。
攝影 / 陳博文

取行動。大家接受他的建議，集體出發南下。

余登發的家在橋頭鄉小街上，街尾那裡有間小廟。1月22日早上，我們聚集在余家與他家人及地方人士商議。「台灣警備總司令部」派人在場勸我們不要有所行動。我們照常計議，先擬寫文告，繕寫成大字報貼在門口，再寫成傳單分頭去影印分發。

當我拿著傳單到附近警察派出所分發時，看到一堆人在裡面議論商討。我向他們說明我們的遊行目的就是要釋放余登發父子。

為了減少敏感，我們手拿香枝走向街尾的小廟，去請神明保佑余登發的安全。這樣做，目的是使這次遊行比較不那麼有政治性。雖然遊行的人數只有二、三十人，但是跟隨的民眾相當多。橋頭鄉當地民眾許多人出來看，陪我們沿街前行，所以整體感覺起來浩浩蕩蕩的一群人在遊行。在場看熱鬧的一個青年，以後變成活躍的群眾運動者，積極參與「民主進步黨」的活動。他就是以後在街頭很活躍的戴振耀，他當時是剛當選不久的鄉民代表。

我們到小廟上香完後，因為還剩下許多傳單，便驅車前往高雄火車站，繼續發送。這是在戒嚴時期第一場政治遊行。

余登發父子不久後被起訴，罪名是「為匪宣傳、知匪不報」。當時報導說一個叫吳泰安的台灣人當中國間諜，到余登發家遊說，要他推翻政府，任命他為南部總司令。余登發沒有去舉報，觸犯「知匪不報」之罪。又指余登發說台灣中國應該要統一，由鄧小平擔任總理，蔣經國擔任副總理，又犯「為匪宣傳」之罪。

這之前我曾去高雄八卦寮拜訪余登發，他提到有一個姓吳的彰化人來找過，講些瘋言亂語，問我有沒有見過那人，我說沒有。

■黨外人士在橋頭余宅發起簽名，桃園縣長許信良、姚嘉文、周平德等人率先簽名聲援余氏父子。攝影／陳博文

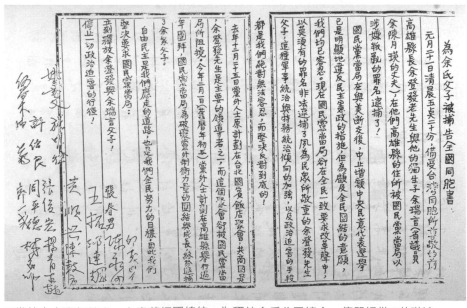

■黨外人士發起簽名，上書蔣經國總統，為釋放余氏父子請命。傳單提供／艾琳達

　　黨外人士集會討論，要有人去軍事法庭為余登發父子辯護。當時登記有軍事辯護人資格的黨外人士只有我，所以就由我去辯護。但是後來發現余登發已經在獄中聘請了四位律師，這些律師都是軍法官退役轉任的。軍法案件每位被告只能有兩位辯護人，余陳月瑛只好說服余登發取消一位好讓我辯護。

　　我要為余登發父子辯護的消息傳出後，「台灣警備總司令部」一位少校軍官來找我，問我為甚麼替余登發父子辯護。他說，他們了解，你主張台灣獨立，余登發主張中國統一，兩人主張不同，你並不同意他的主張，為甚麼去做余登發父子的辯護人？

　　我回答說，我身為律師，職在捍衛人權。言論自由是人權之一，我不同意人民僅僅因某一種言論，而受到犯罪處罰。我不支持他的言論，我不支持他的主張，但我支持他的言論自由。

　　有些獨派朋友，也不贊成我承辦余登發父子案件。其實，大家關心這個案子，是相信這是軍方壓制台灣民主運動的動作，是「台灣警備總司令部」開始逮捕黨外人士的訊號。相信以後還會繼續逮捕其他黨外人士。黨外必須出面制止，必須全面反抗。

　　在軍事法庭辯護要很費心。「為匪宣傳」，「知匪不報」在當時是重罪。「為匪宣傳」屬於言論自由範圍，比較單純。「知匪不報」部分則比較複雜。我閱卷研究結果，認為這部分有兩個重點，第一，吳泰安是否真是中國派任的匪諜。是吳某自稱？或是軍方捏造？第二，余登發沒去舉報能不能構成犯罪。

　　我認為這案件辯護重點，在於「知匪不報」這部分。我不相信那個軍方指稱為「匪諜」的吳泰安真正是「匪諜」。在開庭時我不斷揭穿他的虛假，並辯解人民甚麼時候才有檢舉「匪諜」的責任。

　　軍方為了宣揚他們防諜能力與效率，在很多媒體上宣稱在吳泰安偷渡回台時，所有行動即已完全被監控。如果真是如此，依據國防部以前的解釋，當治安人員已知匪諜存在的事實，人民即使知而不報，並不犯罪，若知而檢舉，亦不給予獎金。只有當政府治安人員不知該「匪諜」的存在，檢舉者有獎金，不檢舉者有罪責。

　　國防部出版的軍法解釋資料說：

　　法律處罰知匪不報之不作為行為，目的在於檢肅匪諜。故如政府或治安人員業已知某人為匪諜時，即不必再科以人民責任。且如人民雖明知某人為匪諜，但不知其住址或行蹤，應不負檢舉之責。

■ 1979 年的高雄橋頭遊行，是台灣在戒嚴時期，第一場的街頭抗爭活動，遊行隊伍受到阻擋，姚嘉文律師率先上前與警察理論。攝影 / 陳博文

1979 年 2 月 10 日《中央日報》登載說：

其（吳泰安）逢人即言革命，早為我國派駐日本之特派人員知悉，並已向國內治安機關報告。故吳某二人於民國六十七年六月十二日上午八點二十分偷渡到台灣時。已為情治單位認出，且以後他們一路的行蹤，都在治安機關人員的監視之中，一舉一動都被攝入鏡頭。

又說：

吳某等原以為他們的計畫很周密，他們的行動神不知鬼不

■ 1979 年 3 月 9 日，警總軍法處審理余登發父子涉嫌吳泰安匪諜案，姚嘉文擔任辯護律師。圖片提供 / 中央通訊社

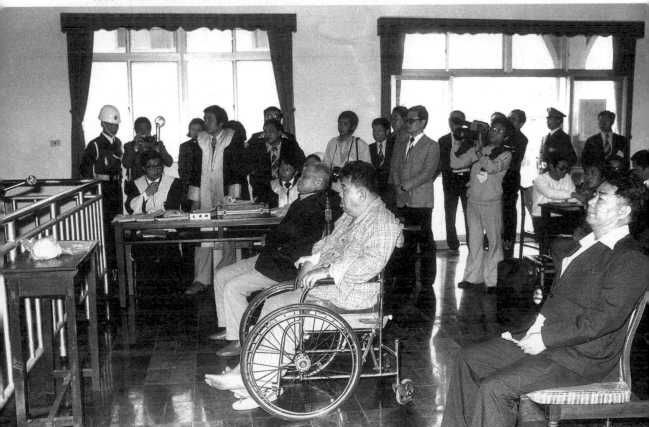

覺。殊不知他們的任何行動，一直都在情治機關的嚴密監視之中。很多警覺性高的計程車司機，和當地居民，都早已先後秘密提出檢舉。（《中央日報》第十一版「法紀」）。

高雄《民眾日報》也報導：

吳春發（吳泰安本名）從日本回來時，即被我治安人員嚴密監視，因他在日本的活動情形，我治安機關在海外的情治人員，已有充分資料，知道吳春發（即吳泰安）回台從事顛覆活動。為了避免打草驚蛇，故吳春發回台時，沒有逮捕他。可是他到任何地方，做任何事，都在情治人員掌控之中，甚至他與任何人談話，都被治安機關錄音（1979年2月27日第三版記者謝庭萱報導）。

開庭時，我再提出國防部的公文，詳細解釋國防部所說，匪諜存在，如政府或治安人員不知道，「檢舉匪諜有獎金，不檢舉則有刑事責任」。如果有關機關已知某人是匪諜，人民去檢舉沒有獎金，知情而不檢舉不構成「知匪不報」之罪。既然如此，根據《中央日報》及《民眾日報》的報導，吳泰安從東京回來進到台灣之時，他的一言一行、一舉一動，都在有關單位的監控之中。所以即使吳泰安真是匪諜，也不能指余登發有「知匪不報」之刑責。

我發現《中央日報》記者陳香木，在場旁聽。事先我曾聲請傳其作證，軍事法庭不傳。這時我走向旁聽席，想拉陳記者出來作證。陳記者拒絕起座。審判長制止我的行動，我要求軍事法庭命令他出來作證。軍事法庭各位軍法官互相對看，一陣苦笑，沒有回應。不久，審判長回了一句話：

「中央日報登的怎麼可以相信？」

軍事法庭還是不傳這個證人。

我接著問審判長說：

「你曉得鄧小平是共匪嗎？」

審判長回答：

「你幹嘛問我這樣的問題！」

我更問：

「那你有沒有去檢舉？」

審判長很不高興，沒有說話，我安慰他說，既然大家都知道鄧小平是共產黨。你不去檢舉，不會有事。

（二）愛國匪諜

吳泰安被帶到法庭，要他證明有跟余登發見面講話。我閱卷發現吳泰安被捕後，卷上幾個月都沒有訊問記錄，數月後才有完整的偵訊筆錄。明顯的那偵訊筆錄是經過刻意修飾安排的，用來配合起訴書的寫作及宣傳之用。

我相信吳泰安被捕後，一定有偵訊筆錄，那上面一定記載他到台灣後，見了許多人，不可能只見過余登發一家人。只辦余登發一家人很顯然是選擇性辦案。

因此我要求軍事法庭調出吳泰安被捕後的所有偵訊筆錄。「案重初供」，那些筆錄更有價值。軍事法庭一直不理不睬，沒有調出來。

開庭時我要求詰問吳泰安。審判長不讓我直接詰問，要我提出問題由他詢問，我堅持直接詰問。

首先我問吳泰安是什麼時候被逮捕的。吳泰安沒有直接回答，他從口袋摸出一張紙條在看，我過去要搶那紙條，沒有搶到。

審判長制止我，問我在做甚麼，我說甚麼時候被捕，他竟然不知道，還要看小抄才能回答？我說他應該是四月被抓的，但到七八月才有偵訊筆錄，這筆錄提到中國派他來任命余登發當南部總指揮。如果吳泰安真的是匪諜，應該被捕第一天就會有筆錄了。他真實的身份到底是什麼？不能因吳泰安七八月的偵訊筆錄自白說他是匪諜，就認定他就是匪諜，這一定要查清楚。

此時，吳泰安就在旁邊大喊：

「我真的是匪諜啊！我是愛國的匪諜！」

吳泰安這麼一喊，更證明他的匪諜身分值得懷疑。

此時旁聽席的聽眾開始騷動。

以後據王幸男口述，吳泰安案加工的關鍵人物，是一個外省青年邵翠華。他曾在「台灣警備總司令部」任職，因為犯案被關，在軍法看守所扮演「傳遞人」的角色，替「台灣警備總司令部」傳條子給吳泰安。每次吳泰安出庭應訊，拿紙條出來講，就是透過他傳達的。吳泰安照條子的指示緊咬余登發不放，據說他事先得到交代，「他會判死刑，但是不要怕，因為這是判給社會看的；三個月後就會放他出來，並在調查局給他一個課長當。」王幸男說：「這個案子的過程就是有人一直都在騙他。」最後失去利用價值的吳泰安自責「對不起余登發」的遺言，就是邵翠華傳紙條告訴王幸男的。

■ 1979 年 3 月，姚嘉文律師在軍事法庭為余登發父子辯護。圖片提供／中央通訊社

　　這個邵翠華在以後我坐牢時，曾經搬來與我同房一段時間，與我保持良好關係，因有牢友提醒要注意他，我言談小心，並未發生甚麼事情。

　　雖然余登發父子還是被判有罪，但「台灣警備總司令部」軍法處的判決威望，已受減損，「中國國民黨」的宣傳效果及恐嚇效果，沒有達成。台灣民主運動的各項活動更加活躍。年底爆發美麗島高雄事件。

　　美麗島案件發生後，余登發父子以保外就醫釋放。

　　據說「台灣警備總司令部」軍法處辦理余登發父子案，大失顏面，對我恨之入骨。這是以後我列入必捕名單原因之一。我已更進一步踏入政治險路。

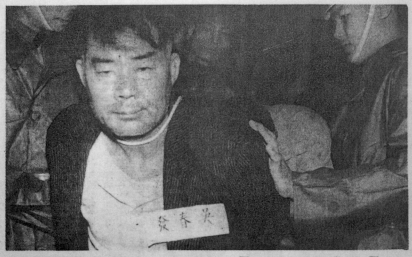

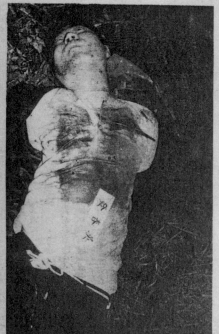

〈叛〉〈國〉〈者〉〈的〉〈下〉〈場〉

◆本報導主筆◆

本報導上（八四四）期，刊出本報導所攝匪諜吳春發（泰安）已於六十八年五月二十八日執行死刑前後的照片，以至上期印製貳萬份幾乎全部賣完。因本報導係周刊，不便再版，故本期重登，以滿足讀者要求。

叛國者吳春發與韓國金載圭，同為民主自由制度之公敵。我們認為

叛國　暗殺　暴亂

同為現代自由民主國家不可饒恕的罪行，我們

把金載圭暗殺朴正熙案與吳案並列，並刊出吳春發行刑照片，旨在肯定「叛國」「暗殺」「暴亂」皆是反動逆流，應為現代人所唾棄。

■ 1979年4月16日警備總部軍事法庭宣判余登發以「知匪不報」及「為匪宣傳」罪名，判8年徒刑、余瑞言3年徒刑、吳泰安死刑。這是警總發行的叛國者的下場，吳泰安被槍斃的傳單。圖片提供／艾琳達

　　我參選未成，卻要以律師身分，直接挑戰軍方，未來更全心全力投入民主運動，都不是事先料想得到的。

　　我最初的夢是去做律師，做了律師，悟出台灣律師必須進行「政治改革」，如今卻要去這樣挑戰軍方，以後還要參與更多政治運動，這都不是事先料想得到的。

　　1988 年，我競選連任「民主進步黨」主席，「中國國民黨」全力封殺，余登發也全力攻擊我反對我連任，甚至在黨內聚會中下跪，要求黨內同志不要讓我連任黨主席，讓我感慨萬分。

　　1979 年，美麗島事件發生，入監坐牢，據看守所人員告訴我，承辦余登發案件的幾位軍法官，在稍後的端午節餐會中，醉酒大哭，自認開庭表現欠佳，案件發展不如上意，影響了前途。

　　這些前在中國大陸訓練的軍法官，已無法承辦今日台灣社會的訴訟。「美麗島案件」的審判果然換了一批台灣訓練的年輕軍法官。

（三）許信良縣長停職

　　余案判決以後，黨外政治運動，更加活躍。蔣經國遲遲不宣佈辦理選舉，呂秀蓮不斷以「中央民意代表候選人聯誼會」名義發表聲明，要求「恢復選舉」，主張照原來的當選名額（國大代表 56 名，立法委員 35 名），原來的登記候選人，照樣恢復舉行投票。我和許多人認為，連美國都不承認台北政府代表中國，現有國會裡面的老代表老立委，更沒有存在的理由，就應該退職，由台澎金馬地區人民選出新國會議員。黨外人士此次選舉的主張是「國會全面改選」，當然不能主張維持原有的國會員額，而僅給台灣人民少數的當選名額。所以我

們不主張照原安排「恢復選舉」，應該「重辦選舉」，如一時不能全面改選，至少應增加當選名額。

現任立法委員因蔣經國發佈緊急處分延長任期，對何時重新辦理選舉投票，並不關心。

選舉投票何時辦理，毫無消息，而美國已斷交，與北京「中華人民共和國」互派大使，建立外交，台灣安全及前途問題，全民關切。軍方繼余登發後，要大量逮捕黨外人士的傳聞日日傳來。黨外風聲鶴唳，人人自危，於是，各種活動被逼不斷舉辦，不敢鬆懈。

1979 年 7 月，許信良縣長因參與「橋頭遊行」被監察院彈劾，經司法院「公務員懲戒委員會」判定停職兩年。黨外人士又急又恨，林義雄氣憤之下，指稱「中國國民黨」是「叛亂團體」，黨外氣氛轉變，而重新辦理選舉又一直未有消息，社會充滿緊張氣氛……

（四）五大原則

台灣與美國雖不再有外交關係，讓台灣有安全問題，但在黨外聚會中，我不斷鼓勵大家說，美國與台灣斷交，不承認台北政府是中國政府，這樣，「中國國民黨」政府，既失去聯合國的席位，又失去美國的外交，要在台灣繼續主張是中國政府，主張代表中國，已有困難。「中國國民黨」要在台灣生存，只有認同台灣，承認僅是台灣的政府，不能再維持原有的「大中國政府」的架構，不能再有自稱代表中國大陸的萬年代表存在。台灣人要求政治改革，主張台灣建國，機會大增，大家不必擔心，應該要有信心。

黨外活動不斷展開，長期領導黨外運動的立法委員黃信介，認為

各項運動要有規劃，黨外主張要有研究，於是指定許信良，張俊宏，林義雄，施明德和我五人，成立「五人小組」，負責規劃與協調黨外各項活動。

我提出五大原則，作為辦理各項活動的基本原則：

一、間接原則；

二、集中原則；

三、實力原則；

四、彈性原則；

五、團結原則。

（五）臺灣加入聯合國

余登發父子案件定案後、發生黨外統獨分裂問題。

以陳鼓應為中心的黨外統派，在「美麗島運動」中，與其他本土政治人物，及各獨派人士，一向保持良好關係，大家合作無間。他參加各項活動，參選助選，完全與一般黨外人士並無不同。

余登發案件有關活動結束後，統獨差異意見分歧漸漸明顯。

在美國卡特總統宣布與台灣的「中華民國」斷絕外交關係以後，黨外立場慢慢的往「台灣是一個國家」方向前進。在發表各項聲明時，都會使用「我國安全」「我國前途」「全國上下」「全國人民」「台灣國家」等字眼。陳鼓應一定要求將「我國」字改為「我們」，不能有「國」這個字。有關事項應改寫成「台灣的安全」、「台灣的前途」、

「全台上下」、「全體人民」、「我們台灣」等字眼，否則他不簽名。

余登發父子案件抗爭告一段落，獨派不再忍讓，決定明白表示「台灣是一個國家」的立場。

當時的政治環境還不適宜直接表明台灣獨立的立場，於是我以「間接原則」的理論，想出「台灣加入聯合國」的策略。因為，只有「國家」才能加入聯合國。主張「台灣加入聯合國」，就是主張「台灣是一個國家」，而「中華民國憲法」仍然尚保留有「尊重聯合國憲章」之文字。「中國國民黨」要取締應有困難。

「中華民國憲法」第 141 條說：

「中華民國之外交，應本獨立自主之精神，平等互惠之原則，敦睦邦交，尊重條約及聯合國憲章，以保護僑民權益，促進國際合作，提倡國際正義，確保世界和平」。

■ 1979 年《美麗島》雜誌社發行人黃信介召開編輯會議，左起許信良、姚嘉文、施明德。
攝影 / 陳博文

1979 年 4 月 12 日，黨外人士在我的律師事務所集會討論，發表「黨外國是聲明」，聲明文說：

……為了不使我國從此淪為國際孤兒，遭受外來的經濟封鎖與抵制；並為了重建全國國民信心，積極參與國際活動，繼續拓展國際貿易，促進國家安全，我們認為除了應繼續不惜一切代價，確保我國在各種政府與民間的關係組織中的現有會籍外，我們應再努力爭取我國在聯合國應有的會員資格……

「黨外國是聲明」由艾琳達小姐翻寫為英文，分別向海內外各地發布。

「黨外國是聲明」用了許多「國家」文字，陳鼓應拒絕簽字參加。陳鼓應表示因政治立場及見解有不同意見，且未事先徵求其意見，不願簽字。他表示黨外目前應針對一些切合實際的問題表示意見，例如出版法令問題，加以注意。

「黨外國是聲明」發出以後，陳鼓應等人即不再參加「五人小組」舉辦的各項活動，也沒有參加以後的「美麗島運動」。有人認為黨外發表「台灣加入聯合國」聲明，目的在排除有統派立場的黨外人士。其實原本並無此意，但似乎有如此結果。

STATEMENT ON UNITED NATIONS MEMBERSHIP FOR TAIWAN

The President of the United States, Jimmy Carter, has formally si.
the "Taiwan Relations Act", affirming the new status of Taiwan in the
international community and providing strong guarantees for the securi
stability, prosperity and welfare of Taiwan.

We are deeply grateful to the people of America and the whole U.S
Congress for their sincere concern for the fate of the 18 million peop
of Taiwan; we have great respect for President Carter, who has signed
act regardless of the severe objections of mainland China.

We support to our utmost the efforts of our government in seeking
new international status. It was a wise and courageous decision of
President Chiang Ching-Kuo to bring forth five principles of meeting
reality as the foundation of our nation's international relations after
the cessation of diplomatic relations between the Republic of China and
the United States of America. That the Olympic Committee of the Republ
of China, based on one of these five principles, "foundation in realism
has maintained in full our membership in the International Olympic
Committee, proves the correctness of this approach.

We believe that, in this era of intimate interconnection among the
fates of all the peoples of the world, there is no country which can st
by itself outside of international society.

In order to prevent our country from becoming an orphan in the int
national community, or meeting with foreign-imposed embargos or boycott
and moreover in order to re-establish the confidence of the people of t
nation, to actively participate in international activities, to continu
to expand our international trade, and to advance the national security
we believe that, in addition to preserving at any cost the present
membership of our country in various governmental and people-to-people
international organizations, we should renew efforts to gain the member
ship of our nation in the United Nations to which we are rightfully
entitled.

Our Consitution decrees that recognition of the Charter of the
United Nations is a major part of our nation's foreign policy; it is ou
inalienable right to be a member nation of the United Nations. We trus
that our supporters throughout the world will join us in our movement
for

UNITED NATIONS MEMBERSHIP FOR TAIWAN

April 12, 1979

黨外國是聲明　　中華民國六十八年四月十二日

美國總統卡特巳正式簽署「台灣關係法案」，確定台灣在國際社會的新地位，並對今後台灣的安全、安定、繁榮與福祉提供了強有力的保障。

美國國民與全體國會議員對於一千八百萬台灣人民命運的高度關懷，我們謹申謝忱。

卡特總統不願與中國大陸的嚴重抗議，毅然簽署了本法案，我們深表欽佩。蔣經國總統忘美我們全力支持我國政府為尋求新的國際社會地位所作的一切努力。這是審智而果敢的決定。此次中華民國與林西克發委員會，根據五原則之一的「事實基礎」原則，在國際輿林四克委員會保全了我國會籍，證明道種作法的正確性。

我們認為在這個全球人類這已息息相關的時代，沒有一個國家能自立於國際社會之外。為了不使我國從此淪為國際孤兒，遭受外來的經濟封鎖與抵制，並為了重建全國國民信心，積極參與國際活動，繼續拓展國際貿易，促進國家安全，我們認為除了繼續不惜一切代價確保我國在各種政府與民間的團際組織中的現有會籍外，我們應再努力爭取我國在聯合國原有的會員資格。

我國憲法明文規定，尊重聯合國憲章是我國外交政策的一部分，而且成為新國的會員國是我國不可剝奪的福利。相信全世界各地支持我國的人，會與我們共同推動爭取

■ 1979 年 4 月 2 日，姚嘉文律師在黨外總部接受瑞典電視台訪問。攝影 / 陳博文

第四章
美麗吾島

一、美島命名

1979 年秋天，黃信介表示《台灣政論》之後黨外必須再有一本雜誌，所以他要去跟「中國國民黨」交涉。後來他說蔣經國同意再批准發行新雜誌，但是新雜誌名稱不能再有「台灣」二字。原本我們想是要取名《台灣正論》，但經辦人員說有「台灣」兩字不准，且說黨外自稱「正論」，難道「中國國民黨」是歪論？當局不能接受。

■ 周清玉命名的《美麗島》雜誌。

新雜誌要用甚麼名稱，大家議論紛紛。有一天大家在我家聚會用餐，再討論新雜誌的名稱。我太太周清玉在廚房炒菜。她剛從美國回來，說從飛機上看到台灣地面的樣貌，實在很美麗，既然不能用「台灣」兩字命名，為甚麼不用「美麗島」這個名稱呢？

大家接受她的建議，於是交由我的律師事務所辦理手續。據說承辦人員認為「美麗島」感覺很像觀光雜誌，就同意我們申請了。

■《美麗島》雜誌社發行人黃信介召開編輯會議。圖片提供 / 艾琳達

二、雜誌發行

（一）《美麗島雜誌》

　　《美麗島雜誌》的社址就選在台北市的黨外總部，分頭籌劃相關編輯及運作。黃信介是雜誌的發行人。他認為政治責任及法律責任太重，我便建議由我及林義雄兩位律師擔任雜誌管理人，由黃信介簽寫管理授權書給我們分擔責任。

　　雜誌社設置有編輯部，社務部及基金管理委員會。基金管理委員會由我負責，各重要幹部都擔任委員。編輯部由張俊宏負責，社務部則由許信良負責。編輯部編輯雜誌，社務部是負責黨外人士的聯繫，基金管理委員會負責雜誌社的金錢管理，及各地基金會及服務處的設

立與運作。另由施明德擔任總經理，謝三升擔任總經理助理，負責台北市雜誌的直接銷售。

雜誌發行情況不錯，各地收入匯入基金管理委員會的帳戶。台北市收的現金收款，規定每日存入郵局。以後我發現郵局沒存入任何款項，大約有七十幾萬元，　是一筆大數目。施明德報告說，助理謝三升收款後，沒有按照規定存入郵局，而是拿去賭博輸掉了。我在社務會議提出報告，大家都很生氣，黃信介就辭退謝三升。

「美麗島雜誌社」運作的構想，類似一個政黨的經營。基金管理委員會就像黨的中常會或中央委員會。編輯部類似智庫及文宣部。社務部則類似黨員代表大會，集合各地黨外人士，共同討論各地辦理活動及發展組織事項。許信良很認真的邀集社務委員，包括《八十年代》雜誌發行人，立法委員康寧祥，也受邀參加。

雜誌發行以後，縣市紛紛設立服務處，除了銷售雜誌之外，由地方的黨外人士成立地區管理委員會，類似地方黨部。各地黨外人士不

■ 1979 年發行的《美麗島》雜誌，在戒嚴時期推動台灣民權運動，最後也促成「國會全面改選」。

斷聯絡、集會、聯誼、討論、協調，全台串聯。

雜誌編輯由張俊宏、魏廷朝、陳忠信等人負責。雜誌很受歡迎，常常要趕稿，要保證每月初一清晨就印好應市。陳忠信寫文章很用心，不隨便定稿，我則要求要及時交稿赴印。有一次陳忠信在雜誌社趕稿，說寫不出來，要去吃飯了。我和太太周清玉很緊張，便逼他留在雜誌社寫稿，我們出門去買餐點回來給他吃。同仁這樣認真工作，使每期雜誌能準時出版。

《美麗島雜誌》的內容，包含許多議題。台灣面臨的問題煩雜，大約可分為三：

1、國家層次問題，如台灣獨立、主權歸屬、正名制憲、國際外交等問題。

2、政府層次問題，如五院分立或三院分立、總統制或內閣制、政府組織規模、地方自治、行政區劃等問題。

3、政策層次問題，如教育、司法、社會福利，以及前面陳鼓應所提出版法的問題。

《美麗島雜誌》內容與前不同，不只批評當局，更多討論有關政策主張，包括眷村問題，原住民問題等敏感議題。再為因應時代的變化，不只討論台灣國內問題，也討論當前國際問題，例如台灣國家定位，台灣與中國之兩國關係。雖然當時的政治環境的限制，大家發言，都有保留，不能暢所欲言，但以比前更具前景，所以頗受歡迎。

雜誌第一期雜發行七萬本，第二期九萬本，第三期十一萬本，第四期準備印十三萬本。因「高雄事件」發生，雜誌被扣，大部分人員被捕，雜誌社業務結束。

■《美麗島》雜誌社成員在仁愛路上合影，前排右起呂秀蓮、黃天福、許信良、林義雄、黃信介、姚嘉文、張俊宏、施明德、林文郎；後排右起張美貞、陳忠信、劉峰松、歐文港、魏廷朝、楊青矗、吳哲朗、陳博文、紀萬生、謝秀雄、張榮華。

圖片提供／張榮華

（二）「愛國論」與「叛國論」

我寫了兩篇文章登在《美麗島》雜誌，《愛國論》與《叛國論》，批判當時「中國國民黨」政府關於「愛國」、「叛國」的定義。文章指責「台灣警備總司令部」濫用「叛國」或「愛國」口號來壓迫黨外人士。我引述了很多的資料，來澄清什麼才是真正的「愛國」，什麼才是真正的「叛國」。

「美麗島雜誌社」成立以後，黨外人士都主張不只是要發行雜誌，還要舉辦活動，宣揚我們的主張。在陳鼓應這些人離開黨外團體之後，「美麗島運動」的主張，不再侷限在「民主運動」，明顯朝向「台灣獨立運動」的方向發展，雜誌的編輯方向也朝這方面前進。

「中壢事件」以後，黨外的運動已經進入另一個時期，從「人權運動」進到「民權運動」，即從「反對運動」進到「參政運動」。

　　雖然很多人熱心參加選舉，但當時的選舉罷免法有很多不合理的限制，所以我用心研究和整理之後，擬出一篇選舉罷免法的修正版，印成單行本附在雜誌分送讀者。

　　「美麗島運動」已經擺脫「反對運動」進入「民權運動」，甚至逐漸進入「主權運動」，也就是從「反對運動」進入到「參政運動」再進入到「建國運動」。

　　有一期「美麗島雜誌」刊載了一首詩。當時台大醫院首次分割連體嬰成功，有人寫詩投稿，（以後了解是林永生先生），說「該割則割，該分則分」。表面上是在歌頌連體嬰分割手術的成功，但意涵著說台灣要與中國保持分離獨立，不應該跟中國連體。「台灣警備總司令部」在偵辦「美麗島案件」時，也看到這奧妙，一直指責說你們政治雜誌，

■ 1979 年 9 月 8 日《美麗島》雜誌社在中泰賓館創刊成立酒會，八位主要幹部右起施明德、林義雄、呂秀蓮、黃天福、黃信介、許信良、張俊宏、姚嘉文。
攝影／陳博文

■ 1979 年 9 月 28 日《美麗島》雜誌社發行管理人姚嘉文在《美麗島》雜誌高雄服務處
　騎樓下向支持者發表演講。攝影 / 陳博文

■ 1979 年 10 月 20 日，下午 8 點《美麗島》雜誌社高雄市服務處舉辦成立以來第一次
　對外活動，邀請姚嘉文律師主講「民主與法治」。攝影 / 陳博文

怎麼會弄連體嬰分割手術這個種議題？

事實上，我們在社論的撰寫跟文章的選擇，都非常的小心謹慎。

有很多教授投稿，非常小心，不但使用筆名，更要求雜誌社的工作人員謄稿之後，把原稿還給他們。他們擔心原稿被「台灣警備總令部」搜到，依照原稿的字跡查出作者。有很多教授想投稿表達意見，卻又怕這怕那。戒嚴時期言論自由受限，可以想像。

三、高雄事件

「中壢事件」以後，「台灣警備總司令部」對民眾集會遊行非常敏感，不斷阻擋取締，非常緊張。有一次在彰化市，立法委員黃順興宴請黨外的朋友吃飯，南北各地客人陸陸續續到來，卻有許多警察包圍會場，不讓賓客進入。主人感到很為難，我們便想跟「台灣警備總司令部」人員協調。

我向前詢問在場的警察，「台灣警備總司令部」的人在哪裡？警察很配合的回答我，說在對面的米店裡。我們便過去米店找一位穿著便衣的軍官，詢問他為什麼要禁止大家吃飯？

這時圍觀的群眾開始鼓譟，不斷大喊：「打死他！打死他！」我就安撫大家，叫大家冷靜不能動手打人，「台灣警備總司令部」的軍官很緊張地說：「聽到沒有？姚律師說不可以打人！不可以打人！」協調無效，那軍官表示只是奉命行事。最後餐會只好解散。

臺灣各地不斷發生各種情況，「台灣警備總司令部」明顯地在加強鎮壓與挑釁，但台灣人民對威權漸漸地不那麼懼怕，也漸漸地了解到警察的行為是「台灣警備總司令部」在背後操控，所以「解除戒嚴」的主張就漸漸地能被台灣人民所理解與接受。

■ 1979 年 11 月 29 日，《美麗島》高雄市服務處第二次被砸，服務處在外牆上掛出大
　幅的抗議布條。攝影 / 陳博文

■ 1979 年 12 月 10 日，高雄美麗島事件出動鎮暴部隊鎮壓遊行民眾，鎮暴部隊在新興
　分局前集結。圖片提供 / 艾琳達

■ 1979 年 12 月 10 日「高雄市
人權日」大遊行，姚嘉文舉著
火把與施明德站在宣傳車上。
圖片提供 / 中央通訊社

■遊行隊伍由大卡車前
導，車上搭設臨時演
講台，黃信介在車上
演講，另有一台小貨
車作為指揮車。
圖片提供／艾琳達

　　《美麗島雜誌》開辦後，各地都要求去舉辦活動。開始先在屏東
辦一場，效果很好，接著到台中市辦。台中市舉辦時計劃用火把遊行。
「台灣警備總司令部」非常緊張，說擔心會發生縱火事件。 活動集
合地點是在一間學校，遊行出發前，「台灣警備總司令部」人員要求
我們只能拿火把在學校操場繞行一周，火把熄滅後，群眾才能上街遊
行。

　　1979 年 12 月 10 日高雄服務處籌辦活動，施明德南下主導。在
台北開會時他表示是一場大型演講，要台北各位南下助講。我答應參
加，隔天（12 月 11 日）我要到彰化地方法院開庭，所以帶著律師服
及公事包出發南下去參加演講會。

　　到了高雄，才知道那不是一場普通演講會。

　　事前，發生鼓山區宣傳車姚國建等被毆打事件，群眾靜坐抗議
（所謂「鼓山事件」），主辦單位到處動員聲援，氣氛非常緊張。各
地服務處多有發生被破壞事件，台北總部召集開會聽取報告，研究因
應辦法。首先要辦好高雄服務處的活動。施明德並沒有詳細說明活動
內容，只說是要遊行到扶輪公園（今中央公園）辦演講活動。林義雄

很憤慨地說：「遊行，抗議都沒有用，最好是去燒高雄市警察局！」我制止他不要講氣話 ..

我們都不主張有激烈的活動。雜誌社應以大量且較長久發行為目標。活動是以宣揚雜誌理念，啟迪人民的民主意識，增加對民主運動的支持為目標。宣傳理念是辦理雜誌的首要目標，辦理活動是附屬業務，不應本末倒置。

不過，當時社會急迫期待改革，民情稍感急躁，對溫和的改革主張及政治活動，感到不耐。埋伏在黨外組織的情治人員，不斷鼓吹暴力或激烈行動。情治單位也百般挑釁。雜誌社對此非常困擾，當天我開車南下，在通過高速公路收費站的時候，發現有人在查對車牌號碼，核對車上人員，我們對此都不很在意。

抵達高雄市服務處演講會場的時候，我看到現場聚集相當多群眾，而服務處氣氛非常緊張，與我們事先了解的不一樣。原來施明德

■現場民眾首度看見憲警出動的鎮暴車，而且噴出白色的煙霧，造成衝突的開始。
　圖片提供 / 艾琳達

計劃各幹部身配彩帶，出發前大放鞭炮，呼喚口號，但警察及軍隊已把整個路堵住，不讓通行。

施明德無法指揮，我建議幹部上樓開會。我要他們派人去買高雄市地圖。上到二樓，我的大學研究所同學黃越欽博士也跟著上樓，認真地坐入會議席。我覺得很奇怪，因為他從來沒有參加過我們的活動，這次為甚麼到來，為甚麼積極參與，要上樓參加工作會議。其他人因為知道他是我的研究所同學，就沒有趕他。

以後，在「高雄事件」有關問題上，黃越欽博士不斷在各種媒體上，發言與證明指責我與幹部辦理此次活動有暴力計畫，我們才恍然大悟，認為他必有特殊身分特殊任務。以後當大家談到他的官場一路順暢，都會聯想到這件事。

以後據蔡寬裕提起，他當天在台中火車站鐵路餐廳遇見康寧祥委員。康寧祥委員在等從省議會來的林義雄，要陪他去高雄。康說是黃越欽教授打電話叫他陪林義雄去的。究竟是誰請黃教授打電話，康又為甚麼接了電話就去找林義雄，蔡寬裕沒有提起。

我們在二樓開會討論對策，研究是否改變路線去別的地方演講。大家討論以後，覺得新興警察分局就在附近，而貫穿高雄市的中山一路跟中正四路交叉的圓環，地方寬廣，適合群眾聚集演講，而且群眾聚集在這裡演講，阻斷這兩條高雄市交通大動脈，車流大亂，整個高雄市會因此轟動起來，能達到宣傳效果。因此，我就建議，如果群眾被擋，不能到扶輪公園演講，不如在這個圓環演講吧！

群眾出發時，服務處備有彩帶，鞭炮，標語牌，安排火把，並且高呼「台灣人出頭的時候到了！」其中有許多陌生不明人物在帶頭吆喝，類似人民起義出戰的豪情，與我們事先的了解不一樣，也覺得有

點過於舖張激進。

　　群眾隊伍出發，欲前往扶輪公園，因前面軍隊擋住，不能前進，就照計畫左轉改道。軍方發現圍擋地點不對，馬上調動部置，在隊伍前面擋路圍住。隊伍進退不得，無法移動，正好就地直接在圓環安排上台演講。不久，施明德找我代表大家去與軍方談判交涉。我說整個活動是他一手策畫，應該自己去談判交涉。他說「台灣警備總司令部」派人在新興警察分局內，要求我們派人進去談。我本不願意，施明德一再要我一起去。我說要交涉什麼？他沒回答就拉我進去警察分局，並推我代表交涉，他則只站在一邊，一直沒講話..

　　對方不知身分的人物要我們馬上解散，我回答說群眾人數那麼多，不可能說解散就馬上解散，所以我要求讓我們演講到八點鐘解散。對方不肯。這時，紀萬生跑進警察分局，喊說軍方已在放催淚瓦斯，在打人了，你們還在交涉甚麼！

　　我們一聽，就離開分局，回到現場，跳上前導車，帶領群眾繞一圈回到服務處。中途路上有少數軍人擋路，群眾人多，一路推擠，非常危險。我們催那些軍人離開，回到服務處後，有群眾與軍方發生推擠毆打。

　　當天晚上，我們幾個人聚集在旅館討論善後。我們覺得這次活動疑問很多，我們相信群眾並不會毆打軍人。很久以後，有消息傳出，這些出手毆打衝突的，是由時任高雄市長王玉雲動員的高雄市黑道兄弟。第二天我就驅車回去員林彰化地方法院開庭。次日（12月12日）晚上幾個人集合在我台北市家中討論。張德銘律師全程在場。第二天，除了張德銘律師以外，各人前後被捕。

■姚嘉文律師步入軍事法庭，他告訴蘇貞昌：「這不是審判我，是在審判台灣的黨外」。
攝影／周嘉華

第五章
軍法審判

一、暗坑寒夜

被捕後，我被送到「台灣警備總司令部」景美看守所，收押在第38號房。據說余登發以前就住這一房。「美麗島案件」發生，余登發被釋放，我接替他，押入同一牢房。

我送到這押房時，因幾天操煩勞累，倒頭就呼呼大睡。據說，軍方對我進牢大睡，很不高興，因一般政治受難人進牢前幾天多難入睡。

過幾天，我被移送到景美看守所安坑分所。這是有名的軍方秘密審訊所。「安坑」舊名「暗坑」，是新店附近的山林地，林地深廣，清朝曾經是山賊窩藏之地。看守所分所建在森林深處，與世隔絕。我出獄後，在擔任國防委員會召集委員時，曾前往參訪，因未事先協調安排，不得其門而入。

我在看守所分所「暗坑黑牢」被偵訊期間，五十天都不准上床睡覺。每天坐在籐椅上寫自白書，談話。冬夜寒冷，衣服不能禦寒，一位調查局調查員不忍心，將他的皮衣披在我肩上給我禦寒。

負責偵辦我的是一位調查局的主管，自稱是台灣大學政治系畢業，事後知道他就是調查局彰化調查站主任，姓鄭，名明順，是中央警官學校畢業。

■ 1979 年 12 月 14 日，美麗島受難家屬攝於景美軍事監獄前，後排左八周清玉。
前排左三艾琳達隔天被國民黨驅離出境。圖片提供 / 袁嬭嬭

■ 1979 年 3 月曾在這個法庭擔任余登發父子叛亂案辯護律師姚嘉文，年底因高雄《美
麗島》事件被收押在景美看守所第 38 房。2006 年擔任考試院長時，曾經回去參觀當
年的牢房，已經改建，不再是原來的牢房樣貌。

他不斷叫我誠實地和他配合簽供，如此可望「政治解決」，不必起訴，不必槍斃。 他不斷出題目要我寫自白書，應該是想在自白書中找資料，編寫案情，以羅致叛亂罪名。有一次，他拿幾本「美麗島雜誌」，嗤著鼻子說：

「你不承認叛亂，不承認要非法推翻政府，我看看你這文章寫些甚麼？哼，甚麼《愛國論》？《叛國論》？」

《愛國論》和《叛國論》是我在「美麗島雜誌」上刊登的兩篇文章，評論軍方濫用「愛國」口號，壓制黨外運動，濫用「叛亂」罪名逮捕民主人士。

鄭某在我面前細讀那幾本「美麗島雜誌」，讀了很久，似乎找不到有用資料，最後藉口離開。

有一次，他問我，認不認識「黃友仁」，我說認識，認識很久很深嗎？我回答：是的。他如獲至寶，要我將與認識的經過，交往的經過，全部寫出來。我開始寫，寫不到一張紙，他就喊停。

原來他要我寫的是在日本推動台灣獨立運動的「黃有仁」。我以為是要我寫高雄縣長黃友仁。「黃有仁」是黃昭堂博士的筆名。當時我還不認識他。

我擔任立法院司法委員會召集委員時，鄭某已升任局內處長。司法委員會開會時，我指名質詢他，要他說明當時辦案的方式，及對待受偵訊人的態度，寫偵訊筆錄的方式等等，有甚麼感想，有甚麼檢討。

他很機警的回答，說當年他年紀較輕，不很懂事，如有言詞不當，態度不對的地方，請諒解。問他以後辦案還會這樣嗎？他回答不會。因為戒嚴令已經解除，法律制度已經不同，政治氣氛已經改變，不會再有那種案件，不會再有那種辦案。

■ 1990 年 7 月，姚嘉文前往日本訪問，與黃昭堂博士。黃有仁是黃昭堂的筆名。

　　除了負責偵辦的鄭某及偶而出現的軍事檢察官外，固定有兩位據說是支援辦案的調查局的調查員，負責我的生活起居。在沒有偵訊的時候，他們用各種方式，不讓我入睡。兩人好似互相監督，不讓他們與我過度接觸。

　　有一次，兩位調查員之一因事離開，那位年輕調查員大發牢騷，說他不是偵辦政治案件的局員，份內工作很忙，還要調來支援這種無聊的工作。他告訴我，他們做勤前簡報時，「台灣警備總司令部」人員報告說，「美麗島雜誌社」的人跟共匪都有關係。他們家中都有共匪的旗幟、制服、傳單，甚至武器。準備出動抓人的同仁都非常氣憤。結果，抓人搜查後，並沒有那些物件，他們覺得被騙。

　　出獄後我找到這位調查員，他再度確認這事。不過，他又一直說，林義雄家中的慘案是「美麗島雜誌社」自己人做的，因林義雄被捕後，洩漏機密，所以同志殺人處罰。雖我一再說明不可能那樣，他仍然堅信他們長官所告訴他的。以後我就不再找他了。

　　「台灣警備總司令部」有些軍官偶而會來探看，有一次，一位年輕外省軍官，冒冒失失的進來，臭罵我一頓，說如果他們現在把我放出去，在街上會被眾人用石頭打死，又罵我很多難聽的話，我回罵他，

跟他吵了一回。以後，那軍官沒有再出現。

有一位中年外省軍官，也來講話，說我不應該主張「兩個國家」，我說，我從來沒有主張「兩個國家」，他說：

「哼，還說沒有！你們不是講台北一個國家，北京一個國家嗎！」

他又說：

「北京政府，是共匪，是叛亂集團，怎麼是一國家？台北中華民國才是國家。」

我說我從沒有講過「兩個國家」，我都說「三個國家」。

「那有三個國家？台北、北京……」

「還有庫倫！」我說：

「庫倫？甚麼庫倫？」

他回頭問另外一個軍官：

「庫倫在哪裡？」

被中國政府稱為「庫倫」是原稱「外蒙古」的首都，蒙古國獨立後，正名為「烏蘭巴托」（Ulaanbaatar），他都不知道，還以為蒙古國還是「中華民國」的領土「外蒙古」。

有一位軍官比較客氣。他勸我們不必去煩惱國會改選這些事。他說他們估計共匪政權五年內就會崩潰，他們就會回去大陸統治，台灣就歸你們台灣人管了。到時你們怎麼弄，你們去弄，我們不會管啦。

又有一位以後出來當律師執業的軍法官，好意地勸我，像我這樣優秀的律師被槍斃很可惜。他勸我開庭時，向庭上表示認罪，懺悔。保證以後不再推動「解除戒嚴」，不再要求「國會全面改選」，不再

主張「台灣獨立」，你就不會被判死刑，甚至會當庭釋放。認罪，懺悔必須要非常有誠意。他又很正經的說：

「要非常有誠意的向庭上表示，讓法官感動……嗯……嗯……比如說跪下來求饒！」

他說完，自己也笑了起來，也許連他也覺得對我們提出這種建議太離譜了些。

二、自白滿紙

（一）避談「美麗島運動」

我被捕入押以後，有幾天時間，偵訊人員並沒有針對「美麗島運動」有關問題訊問。調查局彰化站主任鄭明順只是不斷出題目，要我寫自白書，從家世、就業、出國到政治主張的形成，要我寫這個，要我寫那個。

最初我以為他們是要了解我的思想和主張，但我又想，他們長期監視我，又有那麼多線民及局員佈置在我們旁邊，還要我寫甚麼自白書。而且，以後偵訊重點都側重「高雄事件」的所謂「暴亂」行為，避談「美麗島運動」的「叛亂」行為。 我不很了解。

我本來認為他們只是要從我的自白書中的文句，尋找資料，羅織罪名，以便撰寫起訴書。但以後在牢中聽到各種訊息，確定果然有某些原因。

關於「美麗島事件」及「美麗島軍法審判」至今都有許多說法，包括「高雄事件」後， 為甚麼沒有馬上抓人？ 要等了三天才進行逮捕？而且沒如傳聞的抓兩百多人？「美麗島軍法審判」為甚麼公開審

判，擴大旁聽？審判重點為甚麼集中在「高雄事件」，而不是「美麗島運動」？審判過程為甚麼各報能大幅刊登？軍事法庭審判後，涉案主要人物為甚麼沒有判死刑？究竟「中國國民黨」政府的檢察官及軍事法庭偵辦此案，遭受甚麼困難？受到甚麼壓力？有許多說法。

以後我了解，在偵訊中不問案情，而不斷要我寫自白書，確是因「中國國民黨」政府及「台灣警備總司令部」受到國內外很大的壓力，尚無法決定如何處理， 無法立刻定調如何辦案。至於多問「高雄事件」，避談「美麗島運動」，還有一個重要原因……

「中國國民黨」政府指控我們主張「國會全面改選」，由台澎金馬地區人民選出國會議員組成新國會，是「叛亂」行為！因為「中國國民黨」政府主張其統治的領土，不僅僅是台澎金馬地區，而是包括外蒙古，新疆，西藏及中國各省。任何不接受這種說法的主張，就是「叛亂」行為。「中國國民黨」政府的這種主張，不要說在國際上，無法被接受，即使在台灣也不被認同。因此，在對外宣傳上，只提「高雄事件」，避談「美麗島運動」。

（二）外力關切

根據台灣檔案局最近提供的檔案，以及其它資料顯示，「中國國民黨」內部雖由保守派王昇將軍主控鎮壓行動，但如司法院長黃少谷，國策顧問陶百川等人，並不完全支持鎮壓行動，其內部對如何處理「美麗島案件」有不同聲音。

國際上，對台灣民主運動的關心，也會影響「中國國民黨」政府的決策。

台灣駐美國華府辦事處在高雄事件發生後即發電回外交部報稱：

十二月十日美國在台協會丁大衛表示對此事關切，並已請國務院通知美情治單位對我駐美各辦事處注意保護。

丁大衛頃正式通知本處稱，渠已請國務院轉知美情治單位，注意保護我駐美各辦事處等語。

該處又於 1979 年 12 月 12 日（高雄事件第三天），發電回外交部報稱：

十一日晨國務院金茂萊電話探詢本處，對高雄事件有無較詳之消息，並表示（一）渠已主動洽請警方及聯邦調查局加強保護我駐美各辦事處之安全。（二）渠個人瞭解我政府處理此類問題之困難，但盼我勿 PLAY INTO THE HANDS OF A FEW AGITATORS（按：意指不要落入少數煽動者的圈套中。）

當大逮捕的第二天（1979 年 12 月 14 日），國際特赦組織（Amnesty International AI）倫敦總部副秘書長奧斯汀（Dick Ossting）立刻發出電文給蔣經國，詢問「美麗島案件」，不久即發出緊急通告，發動組織救援。

海外其他方面，有作家、學者如陳若曦、余英時等人均表示關心。美國台灣人辦的「台灣之音」不斷發佈事件有關消息，基督長老教會各地組織，及台灣同鄉到處關心抗議請願，引起外國政府及國會議員的關心。我留美研究的加州柏克萊（Berkeley）等大學教授，也用各種方式表示關心。

這些事實，應會影響「中國國民黨」辦案的態度，包括以後審判的公開，及最後的量刑。

■ 1980 年台灣作家陳若曦與蔣經國會面兩次，她向蔣經國直言：高雄事件是「先鎮後暴」，並質疑整個事件是情治單位表演的苦肉計。陳若曦（左一）與姚嘉文的妻子周清玉（中）、美麗島辯護律師謝長廷合影。圖片提供 / 周清玉

■「美麗島事件」大逮捕，對海外台灣人社團及國際人權團體都引起相當激烈的反應。海外人權組織與鄉親展開示威抗爭與國際媒體投書的救援工作，讓「美麗島事件」成為國際矚目議題。圖片提供 / 艾琳達

和「中國國民黨」政府關係密切的丘宏達教授，亦專函請外交部轉送蔣經國，建議「有關人犯絕不宜處死刑，因台獨正在想找烈士，處死刑正中其計。」

台灣駐美國各地辦事處職員人心惶惶，有要求美國警方保護，有要求加裝保全設置，有建議關門不上班。

台灣負責指揮駐美機構的「中華民國北美事務委員會（ＣＣＮＡＡ）」，在1979年12月17日（開始逮捕的第4天），函致外交部說：

關於不法份子最近在我駐美及駐洛杉磯等辦事處騷擾滋事乙案，本會蔡主任委員已於本月十七日，洽請美國在台協會台北辦事處葛樂士處長轉請美國有關機關，採取有效措施，防止類似事件再度發生。

外交部在1980年1月4日簽呈報告蔣經國及行政院長孫運璿，報告中寫道：

美麗島雜誌策動高雄暴亂後，海外各地台獨份子迅即響應，並散佈無稽謊言，企圖歪曲事實，混淆國際視聽。

1979年12月20日（開始逮捕的第七天），該處發電回外交部轉達美國國務院意見，並提及辦事處安全問題：

謹將本處秘書組全體同仁與國務院台灣協調小組人員十九日餐敘談話要點如後：

（一）美方認為處理美麗島事件，希望我方懲罰肇事之偏激份子，對反對溫和人士保持溝通，懲罰方式如以暴亂，破壞社會秩序為由科以應得之罪，遠較叛亂罪更令人信服。

似不宜採用軍法,而促成溫和分子與偏激分子合流。

(二)該小組已簽請上級對本處予以 EPS (按:似指緊急警力保全保護)。惟國務院及 AIT 之人有不同說法。某些官員認為我無外交身分,不能派遣 EPS 保護。另有官員指陳,EPS 經費有限,轄區限華府特區,本處處址在華府近郊馬利蘭州,無法顧及。 昨(十八)日(此指美國東部時間),胡副代表在 AIT 酒會中會晤蘇禮文時,後者談稱,EPS 保護為一法律問題,經有關方面協商後可望於近日內獲得答案。

(三)有關本處上級長官與國務院及其他機構高階層接觸事,金茂萊氏談稱,將來有此可能,但需假以時日,並以微妙方式為之。

各地辦事處都很緊張,紛紛報告請示外交部。紐約因有示威抗議活動,辦事處在 12 月 20 日報告外交部:

警方鑒於台獨份子目前在洛杉磯西雅圖及華府之暴行,為免本處亦遭受侵入及無謂損失起見,建議本處是日暫停辦公,此點擬請鈞部授權本處視情況需要酌做決定。

本處除密切聯繫警方外,目前已增聘一名外籍安全警衛,現有兩名執勤,一在門外九樓電梯口,一在門內櫃枱等候簽證處。同時對前來辦理各項簽證手續者均請出示護照後,始予入內、室內人數亦控制。

外交部致駐紐約辦事處鈕文武小組安慰說:

廿二日示威事，請即切洽警方採有效措施，並加強辦公室內防範措施，以防暴徒侵入滋事。原則上貴處是日仍宜照常辦公，並請轉告各同仁上下班時提高警覺，注意途中安全。

西雅圖辦事處要求加強安全設備：

（一）經洽據警方及中央安全公司檢查計畫加強安全措施，所需費用如下：(1)辦公室裝置閉路電視、攝影錄影及全日警報系統，因辦公室產權不屬於本處，故一切安全設施採租賃方式，裝置後每月租金美金四八八元，另加裝置工資美金一二〇〇元。(2)官舍裝置閉路電視、攝影錄影及所有門窗警報系統，加強前後門鎖，其材料工資共美金五二三五元，加以租賃方式，除支付裝置工資美金九八九外，每月租金三八七元。(3)雇用安全警備每小時約美金十元，當酌情雇用。

（二）本月廿二日為我政府宣佈暫停選舉一週年，此間台獨份子曾揚言再度前來擾亂，除積極防備外，有關上列加強安全設備各節請速電示。職楊卓膺。（註：人第二四八號電安全措施事。）

外交部對此甚感不滿，內部對此電有批示：

膽怯至此，返台最為安全。官舍裝電視攝影機目的何在？有何用途？

因受各種壓力，故辦案人員無法決定如何處理，無法立刻定調如何辦案。

所以幾天時間不問案情，只要我寫一些無關痛癢的題目。不過這些自白書如寫出一些不適當的內容，對案情的證明還是會有作用，所以寫作時還是要小心。

這些自白書雖在身心不自由的環境中寫成，但都是自己親筆書寫的，比起以後在辦案人員「指導」之下，所安排整理寫成的那份自白書，更具有證據力。「台灣警備總司令部」指揮下的辦案方式，一向不提供原始初供的自白書，而只提供依辦案政策編寫的自白書，及訊問筆錄。法諺雖說「案重初供」，但「台灣警備總司令部」的軍事審判不在發現真實，而在依照上面指示判案，所以要安排編寫案情劇本，照劇本演出判刑。

一年前，我承辦余登發父子叛亂案，在檢閱案卷時，就體驗這種「編寫案情」的手法。所謂「匪諜」的那個吳泰安，卷上找不到他到案時的訊問資料。所看到的，是數個月後顯然是編寫的「訊問筆錄」與「調查筆錄」。

因此，我在書寫自白書時非常小心，我把這事記在心裡。

在軍事法庭開庭時，我一再要求庭上調出這些自白書作證。我指出辦案人員從自白書中斷章取義，摘取部分內容，要求另寫完整的自白書，編寫偵訊筆錄，及調查筆錄。如要了解案情全部真相，應調出每個人所寫的自白書內容才較能符事實。

我明知軍事法庭不可能去調這些自白書，我這樣要求，目的是要壓低那份改寫過的自白書及調查筆錄的可信度。

軍事法庭一直沒有去調取這些自白書。

（三）國家檔案局檔案

2000 年以後國家檔案開放，我到「國家檔案局」調閱有關「美麗島事件」檔案時，找不到這些自白書。2017 年再去申請時才找到。目前在「國家檔案局」調到的有下列幾件：

1979/12/15 關於我被捕後的感想

1979/12/15 我的家人

1979/12/15 我對政治發生興趣

1979/12/15 關於國際電話事

1979/12/15 從高雄來到台南大飯店後

1979/12/16 關於吳哲朗惜別晚會辦理事

1979/12/17 人權日活動事前的了解及當夜結束前的心情

1979/12/17 美國機關的關係

1979/12/17 我與莫乃滇認識的經過

1979/12/17 左與統的問題

1979/12/17 黨外新生代的特徵

1979/12/17 我介入遊行活動補充說明

1979/12/18 高雄事件介入說明

1979/12/19 我參加高雄事件經過

1979/12/19 列舉有關造成騷動及暴力的言論

1979/12/20 各地基金委員會及服務處性質與形態

1979/12/21 所謂黨外五原則的說明

1979/12/21 我所知道的黨外幾個人的外國關係

1979/12/22 我參加高雄事件的經過

1979/12/22 我參加高雄事件的詳細經過

1979/12/22 高雄事件幾件使我困惑的事

1979/12/23 郭雨新文件的來源

1979/12/23 海外「台獨」思想及組織對我的影響及支援

1979/12/24 五人小組對奪權的看法

1979/12/25 許信良出國後四人小組對奪權的討論

1979/12/26 左派與台獨派影響下的台灣民主運動

1979/12/27 我所知道的「協進會」

1979/12/27 組成美麗島雜誌社的起源

1979/12/28 我所了解的「左」「統」「獨」的思想和人物

1979/12/28 我對台灣前途看法的形成經過

1979/12/28 陳繼盛律師及對我的影響

1979/12/28 「黨外總部」的構想與設立經過

1979/12/31 張富忠回國後對我所說的話

1979/12/31 我們台獨思想的形成以及今後的作法

1979/12/31 我印行「消息」的目的與經過

1980/01/01 形成我政治思想的兩個前提思想

1980/01/01 補充我接觸過的外籍政治人物

1980/01/02 黨外人士如何把文件帶出國外

1980/01/05 我所認識的田朝明醫師

1980/01/05 自白書

1980/01/06 我所了解的長老會

1980/01/06 鄭兒玉牧師出國前的一次談話

1980/01/07 我對黨外人士及黨外活動的影響

1980/01/07 我所了解的黨外新生代

1980/01/08 黨外總部的成立經過及發展構想

1980/01/18 哥倫比亞電視公司訪問黨外人士情形

1980/01/19 我通知陳博文參加高雄人權會經過

1980/01/22（調查筆錄）

1980/01/26 十二月十日活動籌備始末

（四）三大主張

這些自白書，大多在自我表白政治立場，以及「高雄事件」始末經過。軍事法庭一向不提出被告自白書作為起訴證據，他們多篩選其中一小部分，加以舖張，另做安排，做成偵訊筆錄起訴。

這是為甚麼大部分案件，被告到案後，都沒有立即作成偵訊筆錄的原因。

這些自白書都沒有要我寫有關「美麗島」運動的三大主張：「解除戒嚴」、「國會全面改選」、「修改憲法」。明顯的，他們不願針對這些問題讓我表示意見。

我的自白書內容，在今日看來，多無新意，但仍然可以表現出當時的政治氣氛，以及我被捕後的心境。

我在 1979 年 12 月 13 日被捕，收押在景美看守所，隔天移監看守所安坑分所（即暗坑偵訊所）。第二天，1979 年 12 月 15 日，他們開始要我寫自白書。經過三個禮拜，到 1980 年元月 5 日，才在他們的指導下，將所寫的自白書中一部份，匯編成一篇完整版的「自白書」（共 35 張，每張 2 頁）附卷供證。然後，在 1980 年元月 22 日，17 天之後，才依據完整版的「自白書」，編寫文字整齊的「調查筆錄」，做為寫起訴書的依據，也做為對外公布與宣傳的版本。

如果細讀各被告的原始自白書，可以看出內容與送交軍法庭的「自白書」並不完全相同。

雖然我們被起訴的罪名是「叛亂罪」（「意圖推翻政府」「意圖分裂國家」），但起訴資料很少提到我們的三大主張（「解除戒嚴」「國會全面改選」及「修改憲法」），以後審判重點都放在「高雄事

件」的襲擊軍警，顯然在規避這個敏感問題。

以後國家檔案局資料公布，證實我的判斷正確。

1979 年 12 月 20 日，司法行政部調查局檢送一份「1210 專案偵訊工作指導綱要」給警總保安處、憲兵司令部情報處和警政署刑事警察局。公文中說明 1210 專案到案者已達二十人，現分四個場所進行偵訊，除已自 12 月 14 日起每日召開偵訊會報，管制偵訊進度、研商偵訊有關事宜以外，特補發這一份指導綱要，請督導貴屬參加專案同志認真辦理。

其中很值得注意的是，偵訊要領在於「先求偵辦暴亂部分基礎之穩固」、「續求叛亂部分追訊之落實」，所謂判亂部分的的重點對象，包括 A. 共匪：黃信介、蘇慶黎、王拓、陳忠信為偵訊重點；B. 臺獨：以姚嘉文、林義雄、陳菊、張俊宏、呂秀蓮、張富忠、魏廷朝為偵訊重點；C. 施明德緝捕到案後，應列為重點追訊對象。

司法行政調查局說明：

總之，追訊最終目的，在『使共匪及臺獨分子在高雄暴亂事件中扮演之角色，能夠明朗正確，而使本案之偵辦對公眾更具說服力』。

顯然，「中國國民黨」當局，也認為藉用「高雄事件」較具宣傳效果，故避開「美麗島運動」各項議題。

（五）心平氣和

自白書先要我寫我被捕後的感想。我寫出我的「悲哀」，我的「關心」和我的「心平氣和」三部分。我說我為目前被抓被關，家庭、事

業、前途，一夕之間變色，親友學生對我的期望失望，感到悲哀，但我對軍事當局「會不會利用這個機會加強統治」，有無限的關心。至於目前的心情，「我發現自己異常地平靜，沒有恐懼，沒有緊張，第一天，躺在那五坪大的囚房之中，竟然心平氣和。」

（六）五大原則

偵辦人員對我在「美麗島運動」中，所倡導的「黨外五原則」，似乎感到很有興趣，要我詳細說明。

所謂「黨外五原則」，本是我在各種會議討論中，對參加活動及有意參政者，提出的建議。包括：

一、間接原則；

二、集中原則；

三、實力原則；

四、彈性原則；

五、團結原則。

「間接原則（indirect approach）」與「集中原則」，是軍事戰略上常被討論的議題。我只是想將之運用在群眾運動及選舉運動上。至於不固執方案，應隨客觀條件，隨時調整作法的「彈性原則」，以及團結才有力量的「團結原則」，已是普通常識。

最有爭議的「實力原則」，本來只是指「今後黨外人士必須充實自己，不應僅因反對而獲得支持。要參加選舉的人應了解所爭取的職位的內容」。因在自白書中討論到美國國務卿杜勒斯的「戰爭邊緣原

則」，以及相關的「暴力邊緣原則」，「台灣警備總司令部」軍事法庭對外宣傳我的「實力原則」，就是「暴力邊緣原則」，甚至就是「暴力原則」。

其實我的自白書是這樣寫的：

暴力邊緣雖不使用暴力，因有隨時發生暴力的可能，所以不能不有準備。

實力原則包括暴力邊緣原則，但兩者並不相同。實力是正常的，積極的，建設性的原則，暴力邊緣原則只在權益受到侵害，主張無法伸張實才使用。它是用在保障實力，不是用來充實實力的。

（七）高雄演講

比較奇怪的是，偵辦人員竟然要我寫高雄事件幾件使我困惑的事。1979 年 12 月 10 日，「美麗島雜誌社」高雄分社，舉辦世界人權日紀念活動，不是總社規劃舉辦的。除了總社總經理施明德南下參與規劃外，其他人只是如前幾場活動一樣，被邀前去演講。舉辦細節，並未全部告知。偵辦時，辦案人員要我承認全部細節都是總社規劃的。我表示第二天上午我要去員林彰化地方法院開庭，我帶了公事包，律師服及案件卷宗，以為到場演講後就離開北上，不知活動規劃那麼複雜。

辦案人員應該知道其中隱情，所以出了這題目要我寫。我雖然對高雄分社及施明德事先未將活動細節向總社報告，有所不滿。但有一說是高雄事件有外人掌握操弄，不宜多責疑任何個人。再則，「美麗島事件」重點不在「高雄事件」的軍憲被襲擊，而在「美麗島運動」

的三大主張（解嚴，國會全面改選，修改憲法）。如我們在法庭辯護，在向社會說明，重點亦放在「高雄事件」，會失去焦點，並落入「台灣警備總司令部」的宣傳陷阱。

「台灣警備總司令部」在宣傳及審判中避談我們運動的主張，企圖以軍憲被襲擊事件混成叛亂事件。我在審判中數度提醒軍事法庭「襲擊軍憲」屬「妨害公務」案件。此類案件不屬軍事法庭管轄。軍事法庭審判人員為此甚為尷尬，曾經私下要我不要提起這部分。

偵辦人員企圖引導我們對「高雄事件」互相推諉責任，不去爭辯運動主張的正當性。我很小心的不在這題目上說太多話。我只提說：

由於我一直想像高雄晚會性質單純，但事後出現的竟是那麼富有衝突性，暴力性，這中間有著很大的距離。使我想起幾件使我困惑的事……

十二月六日晚，施離開大陸餐廳，說要南下，但沒有告訴我何事。十二月八日晚六點前，施告訴我希望我與俊宏留下過夜，討論事情…我不想留下，他也不強留。究竟他要告訴我甚麼？要與我討論甚麼？……

施叫我多帶兩件衣服去高雄。事後告訴我（十日下午在茶樓告訴我），是為了靜坐示威用的。這是真的嗎？為甚麼要多帶衣服，內衣，外衣？我當時沒問清楚。因為我第二天要去員林開庭，不想留下，所以也就不追問為甚麼要帶。我也沒有多帶。真正的目的何在？……

我到服務處時，施及大家的想法就是遊行…我堅持只作短程遊行並演講……出發時，那麼多的準備工作，包括鞭炮，佩

帶，好像並不是僅僅為了參加演講會準備的……到圓環後，施為什麼兩次叫我隨黃及施（分別）進去分局，其目的何在？ 為何要公開宣布？事後我覺得我沒有陪進去的必要，但當時沒有想到。

（八）奪權問題

十天以後，辦案人員要我寫「五人小組對奪權的看法」，開始收集所謂「叛亂」資料。我寫說：

今年三月中以後，由於軍事單位對余登發案件，遲遲不予宣判，我們五個人聚會時都會討論到這問題……

四月間，我們五個人到台南神學院去……本來是要參加學生的演講討論會，但校方不准辦理。我們只好在院長室中閒聊，說到軍方有可能有中級軍官投靠中共的可能。許信良認為今日大家最擔心的是『施琅型』的降將。他認為高級軍官（將官）不會有此念頭，但有指揮權，無政治權的中級軍官可能有此種人出現。於是我們想到如何防止的問題。因為四月二十九日是鄭成功的生日，我便建議黨外人士，集體去台南鄭成功廟去紀念鄭成功，並發表告鄭成功祭文，懷念他復台保台建設台灣的功績，順此譴責施琅降清的劣行，以古諷今，也許會啟發國人的警惕之心。

五六月間，我們並且討論到國民黨內部的鴿派鷹派兩派的爭權問題。這問題的重心在於究竟目前台灣的軍隊，在政爭上，有多少的作用。我們的看法認為國民黨今天存在的力量，來自

於社會的安定，不是來自軍隊的力量……，單純軍事力量無法維持局面，尤其是如果軍方用軍事鎮壓百姓，或用軍隊去投降中共，軍隊是沒有用……

其實，我們談「奪權」，不專在談黨外人士的奪權，是在談阻止『施琅型』降將的奪權。軍方故意扭曲宣傳，使國人認為有關活動目的在推翻政府，奪取權力。

（九）台灣前途

1979 年 12 月 28 日，辦案人員要我寫「我對『台灣前途』看法的形成經過」。這題目牽涉到我自己的政治立場，及未來被控叛亂思想時的辯解問題。所以我寫得很仔細，很細心，雖然我這些想法以後有很大的改變，事後的經驗使我的思想更為成熟。因為這場「美麗島運動」「軍事審判」，使我的思想成熟，很多迷惑逐漸澄清，「台灣主權獨立」及「台灣建國」的思想及理論慢慢成熟。在此我還是全文存錄如下，以保存當年的心思：

一、我對『台灣前途』的看法，有其複雜的形成經過。有源自我的生活環境，有源自我的教育與智識，有源自國外台灣社會的觀感，有源自外國學者的看法，經過長時間的思考，逐漸發展而成，而且可能還在演變中。

二、我出生在彰化農村，時在日人統治時代。四歲時即入私塾讀漢文漢字。我的家庭有強烈反日本統治的思想。光復後對中國政府雖未排斥，但甚為疏遠。我的社會關係，多是一般保守的台灣人社會。對外省人有疏遠、有厭惡、有不滿、有反抗者，許多是基於互相陌生的原因。有的是由於不公平待遇的

原因。這種現象即在我就業與入伍時仍然都遇到，這種環境促使我保有台灣人的自尊與歸屬感，有其淒涼的一面，也有其自負的一面。

　　三、初高中階段的教育，加上我四歲至十歲的漢文漢字基礎，使我很容易融入中國文化洪流之內。在中學六年的教育中，我讀完了學校圖書館的很多史籍，以及許多的中國文化作品，包括史記、前後漢書、五代史等以至清史、民國以後的各種歷史，對唐詩、宋詞元曲清小說更有濃厚的興趣，深深作為一個中國人為榮，也曾對中國地理及山河有過很深的喜愛，這種心態與當時所受的教育是有關係的，也是相呼應的。雖然我讀的是應用商學，但我的興趣都是文史的。當時學校教育及一般公開的政治宣傳，也幫助我發展這方面的心態與看法。

　　四、單純的中國文化的中心思想，與中國大一統的政治觀，究竟無法對台灣的政治狀態做一個合理的解釋。政治組織的僵化，省籍的歧視，民主政治的停頓，言論的生硬，在在使我感到矛盾。這個困惑使我一直想去把台灣前途問題想個清楚。

　　五、一方面我相信台灣是中國的一部分，不可與中國大陸分開，一方面我又認為台灣在可預見的將來不可能與中國大陸結合。所以台灣的政治必須以此部分為範圍重新加以設計。這種衝突與矛盾一直存在在我的腦海中。

　　六、六十一年(1972)我去美國，有機會踏入美國的台灣社會。我發現我在故鄉所感受的「台灣人感受」在此有增無減，

絕大多數的台灣同鄉都抱著「台灣人」的心態，這種心態經過法理的說明，政治學的修飾，變成了震撼中外的「台獨思想」。「台灣獨立思想」與「台灣人思想」並不一定指相同的東西，但由於台灣的現狀與中國大陸分開，而在台灣統治的政府卻是一個「中國政府」，加以多數統治者是來自大陸的外省人，政府的政策又以「收復大陸」這種遙遙無期的說法，作為停止政治改革（尤其國會改選問題）的理由。於是，「台灣人思想」很快的變成「台獨思想」。我感受了這種思想的震撼性，重新檢討了我的「中國人思想」，發現我仍有矛盾存在，我擺不開中國文化的影響，但我又不滿台灣的政治現況。

七、如何解決這個思想上的困境呢？主要的便是先應了解台灣究竟會不會很快與中國大陸結合……不論是中國奪取台灣，或是我們反攻大陸。如果我們暫時不便反攻，我們的安全又是多少？有沒有可能，台灣在頗為長久的未來獲得其「獨立性」？

八、有些外國學者給予我些啟示。有一次我在南加州參加一次「亞洲問題研究會」，遇到美國前駐日大使賴志河（英文名字寫不出來），和他談起未來的台灣前途。他認為台灣的內部政治經濟相當穩定，可以生存下去。國際問題就照現狀「保持安靜」，不必太吵。（指改變國號或宣言反攻大陸），中共也無可奈何。他認為台海局勢，現在在幾個大國的制衡下保持著相當的均衡，任何的改變都會打破均衡。所以他認為台灣不會被中共所奪取，可以保持相當的安全。亦唯有保持現狀才是台

灣求生之路。另外我去加州大學的柏克來法學院,與一位授課
教授討論過台灣問題(已忘其名,是位法律學及社會學教授)。
他指出世界上有四個國家,有著共同的特性,是當今天下四傑:
此即瑞士、以色列、新加坡及台灣。他指出這個四個國家有下
列的共同點:

一)富裕

(二)位於多個強國之間

(三)小國

(四)他們的存在有濃厚的歷史因素

(五)他們命運是由國際均衡所決定,並非自己可完全決定。

　　他指出台灣的現況也是歷史造成的,台灣的前途也是順應
歷史的軌道在行進,必須依賴國際局勢的發展決定命運,不是
自己任意可完全決定。

　　九、這兩個人的思想,可代表一般西方學者對台灣問題的
看法。我逐漸了解台灣的前途的客觀性,逐漸調和了我的「中
國人思想」與「台灣人思想」的衝突。至於台獨思想所主張的
政治革命呢?他們主張以武力推翻國民黨的政府,但本身卻一
無作為。我們這些住在國內的人,怎麼可以附和這種主張呢?
何況武力革命能夠解決得了台灣的問題嗎?既然承認台灣的現
狀不會改變,又承認台灣問題的解決不是依靠武力,那麼,我
們期望的政治改革應如何達成?又富有「台灣人思想」的台灣
人又是如何處理這個「中國政權」呢?

十、這些問題繼續困擾著我。不久我來到華盛頓，找我以前的朋友柯逸仙（Kovenock）。他當時服務於國務院，以前在台灣服務於我國的「經合會」，我跟他談起「台獨思想」，他只輕輕的回答幾句。

「說台獨的人做了些什麼？」

「有沒有哪個政府會比國民黨政府辦得更好？國民黨現在的統治是五十年來最堅強的統治，不是誰可以推翻的」。

十一、柯逸仙的想法又是另一種美國人的現實想法。他的想法啟發了我的另一種政治觀念。但我感覺到「台獨思想」太強調「台灣人本位」，中國人思想太強調「中國人本位」，完全忽略了「社會政治現況」的問題。 換言之，大家都不去討論「人民生活條件」的問題，一味去討論誰是主政者的問題。漸漸我了解「台獨思想」之不切實際及不妥當性，他們太過份強調「台灣人主政」這個問題，不強調現實政治的善與不善。至於當今的政府所強調的「中國人本位」政治思想，卻忽視了台灣現實存在的外部現況。兩位外國教授都認為台灣現況將長久維持，但政府卻太強調「台灣不應自中國大陸分離」的「中國人心態」應不應分離是一回事，已經分離又是一回事。既不願接受中共的統治，便應正視目前這個活生生的事實……台灣已自大陸分離，而且現狀將不會很快改變。

十二、在想通這許多問題後，我很快的抗拒了台獨思想中的幾個說法：「台灣不應接受中國文化」，「台灣人不是中國

人」，「台灣的國民黨政府必須推翻」，「推翻的方式必須用武力」，我發展出自己的一套想法。

十三、我認為未來的台灣既然將自立於中國大陸之外，並且將這樣的維持很長的時期，那麼現在政府的結構必須改變，使落實於台灣島上。這種落實不是拋棄「中國人思想」，而是尊重「台灣人思想」，使文化理想與政治的現實能夠兼顧，而這種改變不必太匆促，亦不必藉武力達成。政府應該運用憲政的方式逐步去達成。 速度的快慢是一個問題，但方向卻是更重要。

■姚嘉文被關在台北軍事監獄明德監區的小窗戶內。攝影／邱萬興

十四、從這些思想，我演化出我的「變法」觀念。我在「護法與變法」一書中，用最簡單的文句寫出我對「台灣前途」的想法。我認為只要將憲法既有規定輕輕一改，使國會能全部改變，便可解決台灣問題，化解台灣的內在外在危機，不必再去為「台灣人思想」與「中國人思想」煩惱。也不必採用「台獨思想」的那一套方法。我現在仍然堅持這一種想法。

（十）寒冷暗坑

1980 年 1 月 5 日，在辦案人員指導下，我完成一份完整的自白書。這份自白書共 36 張，每張 2 面，字體工整，幾乎沒有錯字塗改。此時，距離進入安坑分所（暗坑黑牢），已經超過三個禮拜，每天日以繼夜書寫、訊問、談話、笑罵、勸說，從不讓我上床睡覺，每天坐在單人籐椅上，夜間山上寒風寒氣，從椅下冷上來，我穿著被捕當天穿的薄毛衣、輕棉襖，缺睡眠缺休息，全身發抖。那位外省籍調查員看我冷得發抖，脫下他的皮外套，給我保暖，但還是很冷。

我雖勉強保持清醒，振作冷靜，但因缺眠，已難維持堅強心理，在精神恍惚狀況之下，仍然細心的寫完那份不完全自由的自白書。

我靜靜的觀察軍事法庭及調查局人員的辦案方式。當大量的自白書寫好，他們認為要的資料已經足夠以後，開始指導被訊問人整理這份自白書。只有這份自白書附在案件卷中，軍事檢察官、審判人員，及來閱卷的辯護律師，甚至其他批准判決的長官，只能看到這份自白書。前面所寫的一大堆自白書都不在卷宗中，都看不到。

所以，比較上，前面那些自白書，我在書寫時，比較自由，因為

反正不會呈庭供證，辦案人員不多干涉我的寫作。

這份呈庭附卷的「自白書」就不是這樣。

這份「自白書」一共九段。包括：

一、家世學經歷

二、台獨思想形成的根源

三、五人小組成立的前後經過及奪權計畫

四、黨外五原則的確立

五、海外台獨組織對黨外活動的影響

六、美麗島雜誌社的成立與奪權計畫執行情形

七、美麗島歷次活動所顯示的意義

八、我參加高雄市件的經過

　　（一）世界人權日紀念會籌辦經過

　　（二）提早出發南下經過

　　（三）參與活動籌畫設計

　　（四）引導遊行至圓環演講

　　（五）暴亂行為發生的經過

九、感想

這份「自白書」前面八節，大多是從前面所寫的各份自白書摘寫而來。最後一節「感想」，應是新加。如今已無法完全記得當時被說服寫作的經過，但從其內容看來，辦案人員顯然將案情限縮在「高雄事件」的軍民衝突上，這也使未來審判時避開有關政治改革議題。

「自白書」當然照例要被訊問人說寫後悔知錯的話。我在這部分寫著：

此次我參與高雄世界人權日，紀念活動之準備及執行工作，導致不幸之暴亂結果，個人應負之責任實無法推辭。

對政府缺乏信心，對共同謀事者之立場及背景未詳加查察，即引為志同道合之人，如今冷靜檢討，始知未造成更大錯誤，實屬萬幸。

當時辦案人員未要求我對「美麗島運動」的三大主張：「解除戒嚴」「國會全面改選」及「修改憲法」，承認錯誤，或表示主張不當。我心中慶幸，偵辦重點放在「高雄事件」，未來在審判時，我們再三主張軍民打鬥，事屬妨害公務，無關叛亂，案不在軍事法庭管轄之內，法庭人員為之驚慌失措。

三、軍事法庭

（一）開始法庭審判

1980 年 3 月 18 日，開始法庭審判。

■ 1980 年 3 月 18 日，國民黨軍法大審「高雄美麗島事件」主要 8 名被告，地點在台北市景美區台灣警備總司令部軍法處第一法庭公開審判。台灣各大報首度全版鉅細無遺，報導 9 天審案過程及對話。圖片提供 / 中央通訊社

事先調查局那位鄭姓主任，親自送來起訴書，還帶來一盒水果，小聲的說：

「我們向上面爭取政治解決，上面不肯，我們盡力了，抱歉！」

在偵辦中不斷表示只要我合作，配合應答，他可以爭取所謂政治解決，釋放免死。想必沒人相信。起訴叛亂，唯一死刑，事在難免。他的道歉其實多餘。他看到我無反應無表示，又說：

「其實，我們都很敬重您，有一次您在鹿港青商會演講，我有去聽……你講得不錯！」

又說：

「我們看，您們幾個人之間，以您最有擔當，最為傑出……我建議您以後少跟他們來往。」

我想他應該對每一個人都這樣講。他在分化我們。

收到起訴書後，就要準備開庭。周清玉拿來一份律師名單，要我選定兩人當我的辯護人。我選定蘇貞昌律師及謝長廷律師。兩人都是我台大的學弟，也都同是「台北青年商會「Taipei JC」的會員。蘇貞昌律師擔任「台北青年商會」會長時，我從美國回來，入會不久，當了他的副會長。我與他們兩人都熟，所以聘為辯護人。

第一次開庭，是準備程序。在與世隔絕兩個月之後，突然在法庭見到家人，親友，媒體以及陌生人，一時心情混亂，言詞無力。軍法官問些人別資料，偵訊筆錄簽名是否本人親簽等等程序問題。顯然旁聽的人都很失望。

下星期三，周清玉來接見時，告訴我說，外面大家都認為我們這幾個人，在外面街頭講台，勇氣百倍，氣慨萬千，為甚麼出現在法庭，

■姚嘉文的妻子周清玉帶著委任狀邀請謝長廷律師為美麗島辯護。謝長廷跟周清玉說：
「不必拜託，姚嘉文律師被起訴，如同整個黨外被起訴，我一定會接受姚嘉文這個辯
護人任務。」

■ 1980 年美麗島軍法大審辯護結束後，由李勝雄律師召集律師團，在台北二二八和平
公園旁衡陽路上的「朗月照相館」拍攝合照。第一排右起陳水扁、蘇貞昌、謝長廷、
呂傳勝、尤清、鄭勝助、張俊雄。第二排左起李勝雄、鄭慶隆、高瑞錚、江鵬堅、張
政雄、金甫政、郭吉仁。照片提供 / 李勝雄律師

一點往日的豪氣都沒有了？ 街頭議場有抗爭，為甚麼在法庭就沒有抗爭呢。她說：

「大家說，你們應該要在法庭抗爭。他們又說，要抗爭，要由你負責，你不抗爭，別人不敢抗爭；你不抗爭，別人不知道怎麼抗爭。」

周清玉這樣鼓勵我，讓我增加許多勇氣。我坐牢後她接代我參加各種抗爭活動，宣揚我的理念。她帶政治受難家屬到處陳情，以她的英語能力，安排拜訪 AIT（美國在台協會）及外國人士，也接受國際組織，如 AI（國際特赦組織）的訪問。第二年，她高票當選國大代表，更設立「台灣關懷中心」照顧政治受難家屬，辦理夏令營，聖誕餐會，並經常出國，拜訪外國國會議員，參加海外同鄉會的夏令營及各種聚會，宣揚台灣民主運動的理念。

周清玉來訪後，隔了幾天，有一位到中國走私的外省籍澎湖漁船船員，被押關到我的押房。他告訴我林義雄家人被殺的事。辯護人來見時，我確認屬實。我想事至如今，非抗爭不可。

「美麗島案件」是政治案件，而且是在軍事法庭審判，不能採用司法法院一般刑事法院的辯護方式。以前我們對政治有關心的年輕律師，都對二次大戰後審判戰犯的德國「紐倫堡大審」及日本「東京大審」，感到興趣。我看過兩個審判的書及電影。 大家都知道，這種案件的辯護方式與一般刑事案件不同。

「美麗島案件」是政治案件，應採用三種不同層次的辯護策略：

（一） **政治層次的辯護**

（二） **憲法層次的辯護**

（三） **司法層次的辯護**

由於軍事檢察官起訴被告「叛亂」的基本基礎，是主張台北「中國國民黨」政府是整個大中國的政府，領土包括外蒙古（今蒙古國），新疆（維吾爾），西藏（圖博）在內的中國各省區。任何挑戰這種立場，尤其是主張由台澎金馬地區人民選出國會議員，組成台灣新國會，就是分裂國土，就是叛亂。「中國國民黨」政府的立場與主張非常荒謬。挑戰這種立場與主張，可稱之為「政治層次的辯護」。其實軍方也知道這種立場，無法為台灣社會所接受，更無法為國際社會接受，所以起訴書含糊不多提，起訴我們「叛亂罪」，卻多談高雄事件，有其苦衷。

軍事法庭審判非軍人，及起訴法條都是基於戒嚴令。台灣長期戒嚴，不符合憲法設置戒嚴制度的原意。挑戰這種戒嚴的違憲性，可稱之為「憲法層次的辯護」。

軍事檢察官起訴書，指控被告觸犯「叛亂罪」，其所引證據多不實在，譬如，起訴書說我在現場指揮群眾攻擊軍警，有證人某某某五人可證，而辯護人去閱卷結果，那些人都沒有這樣說。這種辯護可稱之為「司法層次的辯護」。

一般律師在普通法院辦理刑事辯護案件，都屬於「司法層次的辯護」，很少觸及「政治層次的辯護」「憲法層次的辯護」。律師較少有此經驗，而「美麗島案件」屬高度政治性案件，一般律師要進行政治及憲法層次，有很大的難度。

軍事法庭對政治性的審判，通常是徒具形式，如何判決，通常上級已經內定。法庭上有效的答辯及辯護，效果不大，但「美麗島案件」既然大幅度開放旁聽，被告及辯護人就有很大的空間抗爭。

（二）拖延策略

既然要抗爭，當然要研究方法。

第一個方法，就是設法拖延審判時間，不讓審判程序草草結束。

第二個方法，就是對軍事法庭，未遵守訴訟法規定的法定程序時，及時提出異議。

第三個方法，就是對起訴罪名是「叛亂」，不應只是辯論「高雄事件」，爭議襲擊軍憲，應對「叛亂」的定義，「中華民國」「國家」的定義，提出質疑。

第一及第二個方法，屬於程序問題，比較簡單。第三個方法涉及政治敏感性，辯護人可能有困難。

但是，有關起訴罪名「叛亂」問題是軍事法庭立場最薄弱，也最想迴避的問題，是法庭抗爭最好的議題，要善加運用。

「中國國民黨」為獨佔台灣政權，維持外省人利益，即便在喪失在聯合國的中國代表地位，又在美國斷絕與台灣的外交關係以後，仍然堅稱其統治的範圍，及於全中國及蒙古國。這種主張是軍事法庭以「叛亂」罪名起訴我們的法律基礎。這種基礎已經瓦解，在國際上早已成為荒謬的笑話，在國內亦不再被接受。

軍事法庭法官也知道這種情況，因此開庭問案都迴避國家定位國家領土問題，在開庭的第一天，被告面前擺滿一些高雄衝突事件撿來的各種木棍，石塊，鐵條，以及裝汽油的塑膠桶。審判長指責我們用這些物件施暴。我反問說，你是說我們是用這些物件「推翻政府」嗎？

我聽到旁聽席很多人聽了這話大笑。

因為軍事法庭不斷提到我們施暴，起訴書也指有五個人證明我在

現場指揮群眾攻擊軍警。於是我就要求軍事法庭傳那五個證人到庭作證。審判長表示證人已在軍事檢察官偵訊時結證，不需再傳訊。

這種情形，法律規定法庭應出示偵訊筆錄給被告閱看。

其實我的辯護人已經閱卷，告訴我那五個人的證言都沒有這樣說。於是我要求看卷宗筆錄。

審判長可能沒有詳看筆錄，不知檢察官證據作假，就把卷宗交給我。

我利用這個機會翻看筆錄的各頁。審判長再催促，我都說還沒看完，目的也是在拖時間。最後我就宣讀各證人的證言，證明無人提到我指揮群眾攻擊軍警。

我又提醒軍事法庭，有關攻擊軍警案件，屬於「妨害公務罪」，不在「戒嚴令」由軍事法庭受理案件之內。「台灣警備總司令部」軍法處軍事法庭主要是承辦「叛亂」案件，如今這個五個軍法官組成的全國最大的軍事法庭，怎麼在管應該是地方普通檢察署所管的「妨害公務罪」呢？

以後，軍事法庭不再擺出那些「暴動器材」，問案重點不再問攻擊軍警，改集中在「奪權」「推翻政府」之上。至於我們主張「解除戒嚴」及「國會全面改選」為甚麼是觸犯「叛亂罪」則從未提起。

軍事檢察官部分，我也屢次指責。除了證據引用不實以外，我說起訴書內容空洞，犯罪事實方面，未清楚寫出明確的被告事實與行為，只是寫些抽象「罪名」。被告「犯罪事實與行為」與「罪名」是不同的。而且起訴書所用詞句很多不是法定用語，有關論述，前後矛盾，法理法條錯亂，文句文法紛亂，對這麼重要的案件，起訴書的撰寫，應該仔細一點，慎重一點。

　　有一天，軍事法庭審判長劉上校，到我的牢房來找我。他站在牢房門口與我對談，他希望我開庭時與庭上多合作，不要多爭執，這樣對我有好處。他說，只要我合作，他判決時會考慮輕判。我說，怎麼判，又不是你在決定。他說，他會為我向長官說話。他說，他很尊敬我，他讀過我編的書《法院組織法》，知道我有學問。

　　軍事檢察官蔡上校也來勸說。他要我開庭不要處處指責他，我說，你起訴我唯一死刑的「叛亂罪」，我可能被判死刑槍斃掉，還叫我不要指責你？他很委屈的說：

　　「你也知道這不是我一個人可以決定起訴您們……我一個小小的上校軍法官，怎麼有權力起訴您們？您們是立法委員，是省議員，是名教授，是名律師，我哪有地位哪有權力去起訴您們？」

　　他又說，他口才不好，學問不夠，要對付十幾位的名律師，長官還特別加派預備軍官，中興大學法律研究所碩士林輝煌少尉蒞庭，共同論告。總之，起訴的責任不在他，不要一直指責他。

　　我說，起訴書是你列名蓋章，不指責你要指責誰？你起訴書寫的亂七八糟，文句前後混亂，怎麼寫得這樣差？

　　他說，起訴書原稿不是他寫的，以後經過很多長官修改加添，自會前後文句不順，無法連貫。

　　他離開前，我提醒他，軍事法庭故意找一位台灣籍的軍法官列名起訴，一位台灣籍的預備軍官陪同蒞庭，而審判長不用台灣籍的，這用意你不懂嗎？他沒有甚麼表示就離開。

　　可能軍方認為開庭過程，不如預期順利，或國內外反應不利軍方，所以出動軍法官及軍事檢察官，分頭勸說各被告合作。

　　以後，這位蔡姓檢察官獲選為當年的國軍戰鬥英雄，晉昇少將，

退伍後，出任行政院退除役官兵輔導委員會重要職務。我以後擔任立法院國防委員會召集委員，曾質詢過他。無特別結果。

軍事法庭劉審判長以後升任少將，擔任國防部軍法局副局長。我擔任立法院國防委員會召集委員時，曾帶同家人、助理及親友，參訪景美看守所，由他出面接待，我的家人不准我和他握手，場面尷尬。他中途不告而別，離開回去。

審判進行九天，慢慢大家能適應法庭，辯護人也用心辯護。雖然整個審判，沒有辦法提升到政治層次及憲法層次，但只是從司法層次的辯護，已經大大挫折了軍事法庭的威信。

在審判快結束前，我開始在思考及準備「最後陳述」。「最後陳述」是被告在整個審判過程結束前，各人發表整個案子的看法。「美麗島案件」既然是政治案件，我們的「最後陳述」自然是政治演講，究竟在這種情況之下，應該用甚麼態度表達我們對「美麗島案件」的態度與想法，必須好好思考。

（三）最後陳述

那位與我同牢的澎湖漁船船員，一直對整個審判，表示高度興趣。他不關心自己案件的進展，反而關心我們的案件。他借去我的起訴書，小心研讀，要求我開庭回來，要將開庭經過講給他聽。他又想知道其他被告講了甚麼。他說：

「您儘管準備您的開庭資料，吃過飯，我替您洗碗，你洗過澡，我替您洗衣服」。

他又說，在外面，您們是民主運動的英雄，大家崇拜，他也崇拜，相信在法庭您們的表現，不會使大家失望。

■姚嘉文最後陳述時說:「我已決定像彼得回到羅馬一樣,回到美麗島與我的朋友一起承受這場災難」,最後被判有期徒刑12年。
攝影 / 周嘉華

我們不能讓支持者失望。更不能讓家人蒙羞。

但是，人在牢中，在軍方勢力高漲，一片肅殺之聲打擊黨外，我們必須避其銳鋒，不要直接對衝。但既然要抗爭抵抗，就要表示並沒有屈服，沒有放棄，才不會讓家人及社會失望，更不會影響台灣民主運動的推動。如何下筆擬寫「最後陳述」，要好好思考。

剛好那時我從看守所圖書室借到一本小說，《你往何處去》（拉丁語：Quo Vadis?）。這是 1905 年諾貝爾文學獎得主顯克維支的歷史小說，記述羅馬帝國暴君尼祿時期，迫害基督教徒的一段歷史。以後拍成電影《暴君焚城錄》。

這本書中描寫聖徒彼得神父，在基督教徒被迫害時，他帶同隨從逃離羅馬，想逃避苦難。他們在城外森林中休息，早上起來，在晨暉日照下，似乎聽到耶穌聖靈出現召喚，彼得跪下驚問：「主啊，您要往何處去？」（Quo Vadis, Domine?）。聖徒彼得神父意識到主耶穌聖靈要進入羅馬城與教徒共同承擔苦難，所以就轉頭回到羅馬城，以後在羅馬殉教。

這故事啟示我，美麗島苦難已無法逃避，應該勇敢的面對，與其心存僥倖，不如學聖徒彼得神父回去羅馬城一樣，說出要「回去美麗島」。

於是我寫了我的「最後陳述」書，抄寫三份，一份交由軍事書記官附卷，一分交辯護律師帶出去，一份我留存。

我的「最後陳述」書，最後寫說：

這一次美麗島事件，對黨外人士是一場災難。我本來在調查局偵訊時，曾經因為心灰意懶而同意接受他們的安排，希望我們幾個人能夠逃出這個災難。就像一千九百多年前，基督教

徒遭受羅馬人的迫害時，聖徒彼得想逃出羅馬，避迫害一樣的心情。

彼得途中遇到要進入羅馬共同受難的耶穌聖靈，說出一句一千多年來令人深省的那一句話：「Quo Vadis, Domine？」（主啊！您往何處去？）然後決定回羅馬與教徒大家一起殉教。

調查局的所謂「安排」證明是一場「騙局」。本案起訴後有人來表示只要審判中合作，就可以像余登發一樣保外就醫。

被告（姚嘉文）現在向庭上及各位朋友，以及我親愛的家人表示，我已決定像彼得回到羅馬一樣，回到美麗島，與我的朋友一起承受這場災難。我問自己：「你往何處去」？我回答自己：「回去美麗島」。

我願向我的妻子周清玉表示歉意，我已決定自己奉獻給妳所命名的「美麗島」三字上。

審判長、各位審判官，被告（姚嘉文）請求庭上在我們的判決書上記載，被告（姚嘉文）並不承認檢察官所指控的犯罪，只承認我們願為台灣民主運動及「美麗島」獻身。被告（姚嘉文）只要求判無罪，並不要求因為認罪而減刑，謝謝！

我又說；

謝謝庭上九天來認真的聽訟，尤其審判長辛勞的指揮訴訟。我們感謝審判長及四位審判官已做及將要做的努力。我對各位的努力有很大的信心。就像我對我的信念有信心一樣，我相信台灣民主運動的推展，不是任何人可以阻止的。謝謝！

姚嘉文願此番災難
不要再降臨其他人

（五）

姚嘉文的最後陳述共有六大項：他說：

一、被告想利用這個機會感謝審判長、四位審判官及兩位檢察官調查及審判期間的辛勞，被告對這次公開、詳盡審判的感激，已足抵銷以前對調查人員不誠不正取供的不滿。謝謝審判長及四位審判官。特別還要感謝兩位不幸擔任本案公訴人的檢察官在審判中公開澄清高雄暴力事件不是被告等等作為推翻政府的方法，以及澄清「民眾期察擬計甚一」的名詞原來范辦案人員發明的。謝謝兩位檢察官的勇氣。

二、本案審判期間新聞界朋友翔實報導本案審判的經過，使全國甚至全世界關心臺灣民主政治的人都能了解本案進行的情形、辯論的經過，以及被告答辯的內容，澄清了也表白了許多誤會。我們感謝新聞界朋友，並請向讀者聽眾轉達我們的謝意。

三、被告也要感謝為我們辯護的所有律師，他們不但是我的同道，也是我的至好朋友，我們曾經在臺北律師公會、中國比較法學會、臺北法律服務中心、青年律師會、律師午餐會、亞洲法學會、世界律師會議、青年商會、獅子會、扶輪社等地，共同為推展法律大眾教育而共同努力過。我希望我還有機會跟大家穿起法袍執行道個工作，但不論如何，法治和平會議、青年商會、獅子會、扶輪社等地，共同為推展法律大眾教育

五十天之餘，也想表示我衷的謝意。

四、調查及審判期間被告今天被告也想向那幾位調查我的謝意。他們很多時一生我能夠平靜的渡過我那一間的謝意。他們陪我聊天照顧我，他們表示我衷的謝意。

國家法律的辦案人員能善守職權分守。我請求調查局主辦專案小組的全部記錄，防止形的發生。我願上帝保佑，使降臨在我們身上的災難，他任何人身上。

在這幾天的審判中，我在夢中找到了我的影像，我覺希望仍然將活躍在你們所裁判法庭上，我謝謝你們，也傲。

五、最後被告想再講幾句話「世界人權日」是全世界慶祝的節日，被告願意在此作一次見證：請求我曾經跟我的律師同道支持我的見證。「美麗島」沒有從事叛亂活動，以及獨裁國家以外都在慶祝的日及參加道國際性節日。被告願意在此有叛亂的意圖。被告願意在此作一次見證的律師間道支持我「美麗島」沒有從事叛亂活動，以及獨裁國家以外都在慶祝的日

■「高雄美麗島事件」公開審判，因國內外媒體競相登載傳播，及在庭旁聽人士陳述，使美麗島事件真相得以揭露，被告各人之主張及見解能夠獲得澄清。

■國際媒體報導 1980 年
《美麗島軍法大審》。

第二天，這份最後陳述書被全文登載在報紙上。海外及基督教徒特別欣賞我「像聖彼得回去羅馬一樣，我要回去美麗島」的說法，但不大注意我說的「台灣民主運動的推展不是任何人可以阻止的」這一段。

審判結束，等待判決。有一次，黃信介在門外相遇，口中喃喃自語，說：「死刑，死刑哦」，我過去安慰他，絕對不會判死刑，照我的判斷，我應該會判 12 年。

本案的「叛亂犯」雖然是唯一死刑，但考量本案的案情，國內外政治情勢的變化，以及「台灣警備總司令部」威望的底落，我相信「中國國民黨」政府已無力量重判台灣民主運動工作者。

我在我押房枕頭邊的牆壁上寫上「12」。看守所所長親自到押房送判決書時，我們正在吃午飯。我簽收後，把判決書丟到枕頭上，又回頭繼續吃飯。

看守所所長問：

「您不看看判決結果？看看判得怎麼？」

「吃過飯再看。」我說。

一般判亂犯在判決時，最擔心就是是不是判死刑，有人知道沒有判死刑都有十分歡喜的表現。這看守所所長大概也想看我，知道沒有被判死刑時的反應。我不在看守所所長面前看判決書，他有點失望。

看守所所長離開後，同牢的牢友，立即跳起去翻看判決書，我果然判 12 年。牢友問：

「果然判 12 年，跟你事先講的一樣。您們是和『中國國民黨』說好這樣判的嗎？」

■美國人權工作者梅心怡在日本，艾琳達在美國將資訊傳給世界各國人權組織，救援美麗島受難人工作，讓「美麗島事件」成為國際矚目議題。圖片提供／艾琳達

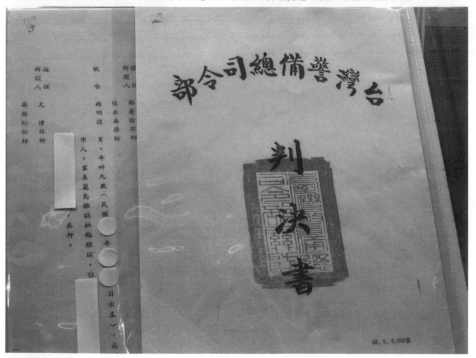

■美麗島事件判決書，1980 年 4 月 18 日軍事法庭依然強橫地做了重判：施明德判處無期徒刑、黃信介判處 14 年徒刑、林義雄、姚嘉文、張俊宏、呂秀蓮、陳菊、林弘宣 12 年徒刑。

■ 2000 年姚嘉文出版
《景美大審判》美麗
島軍法審判寫真。

2000 年我寫了一本《景美大審判》，詳敘此次軍法的前因後果。

美麗島案件各被告出獄後，有人出書，有人談話，各對案件表示意見，或敘述事件意義。

1999 年，「中國國民黨」提出一大筆資金，成立一個委員會，以中國時報名義，邀請一大批各界各黨人士，包括馬英九、沈君山等人，擔任委員，我也被邀參加。由施明德掛名主導，檢討美麗島案件。

委員會邀請教授訪問記錄，出版專書，舉辦座談會，把「美麗島案件」描述成一場「沒有流血的政治活動」，沈君山教授在最後的座談會說明，所謂「沒有流血的政治活動」是指軍事法庭沒有判任何一個被告死刑，而他曾一再向蔣經國建議，不可判死刑。

我向施明德抗議，整個活動沒有討論到「美麗島運動」的訴求。這個活動顯然被誤導被利用。施明德回答說：

「我們是事件的當事人，我們不要表示意見。」

我感到非常憤怒，以後找到機會向中國時報編輯部黃總編抗議。他提議我把我的看法寫出來，他們同意刊登。

2000 年，民主進步黨贏了總統大選，我寫了「政黨輪替後，展望美麗島運動」一文，在 2000 年 12 月 9 日登出。

這文章內容如下：

「民主進步黨」成為台灣執政黨後，推行政策時顯艱難，反對勢力阻隔甚多，有許多人責備執政黨新政府處事無章，致引起國事紛亂。其實，如從「美麗島運動」來看今日政局，今日的國事紛亂，不過是保守力量與改革力量的對抗而已。台灣社會如欲理解今日國是如麻的根源，必須回頭看「美麗島運動」。

「美麗島運動」承接早期的黨外反對運動，但比黨外反對運動更向前進了一步，不只是「反對運動」，實是「民主改革」運動。

黨外反對運動，是針對戒嚴時期的不合理體制進行批判與

■ 1999 年 12 月姚嘉文參加《珍藏美麗島》新書發表會。攝影 / 邱萬興

排斥的運動。就反對抓政治犯，主張言論自由結社自由角度來看，它是「人權運動」；就抨擊選舉不公，要求擴大人民參政機會，以及黨外踴躍投入參選活動角度來看，那是「民權運動」。美麗島運動則更進一步，主張提昇台灣的國際地位，表現了台灣人民對政府革新的渴求。

這個運動的幾十個主事者雖被捕入牢，但這個「改革運動」卻更蓬勃發展。可見這不是一場什麼人的英雄表現，而是一場全民的追求政治改革的運動。

第一，解除戒嚴。長期戒嚴的結果，僵化了台灣的各項問題，軍事統治阻止了政治改革。在台灣退出聯合國，美國與台灣斷交後，台灣的外交政策勢必改變。不能再堅持是「大中國政府」立場，相關的政策（如蒙古問題，「漢賊不兩立」政策）必須調整。言論自由，政治犯問題，出入國境限制等等都必須改善。在台灣經濟逐漸起飛，國際貿易大量增加以後，舊有建基在農業社會的軍事統治，基礎已經動搖。

第二，國會全面改選也是普遍的要求。

第三，憲法問題，接續而來。建制在 1940 年代的南京憲法，雖屬修改，但幅度有限。修憲的呼聲越來越高。台灣獨立的口號，在國外越喊越大，國內對台灣定位台灣安全的問題的注意，已是普遍的現象。

第四，其他諸如報禁、黨禁的解除、國家領土疆域的界定，教科書的改寫，選舉舞弊的改革……等等的各項問題，都已不容拖延，必須著手改革。

　　了解以上情形，我們可以了解「美麗島運動」是當年不能避免的現象，也可以了解「美麗島事件」發生後，台灣社會的改革仍持續進行的原因。

　　這種運動，實際上即為一場「本土化」運動 夾雜著台灣的「國際化」、「民主化」、「現代化」運動。

　　公元 2000 年陳水扁當選，基本是這一場「改革運動」的延續。台灣人民支持陳水扁，支持政黨輪替，基本上是期待台灣更大進行政治改革，以至於社會改革。

　　民主進步黨執政後，來看「美麗島運動」，我們會驚覺這個運動仍未完成，我們會警惕這個時代主要潮流---「改革運動」，仍然存在。

　　「美麗島運動」以後，台灣政府不斷進行改革，只是速度與幅度太慢太小，於是有政黨輪替的現象產生。

　　台灣十年來雖然從事不少改革，但主要問題仍在，如制憲建國，國家定位，行政組織，均未改好。而近年來爆出新問題，如黑金問題，政府人員腐化問題，更嚴重到不能忍受的程度。

　　如果政黨輪替後的新政府不大幅度的推動改革，必然會使社會失望。停留在現狀，妥協停步，台灣的亂象必然無法消除。台灣舊政府早期主張的「安定中求進步」證明於事無補。結果既無法進步，亦無法安定。台灣社會在急切變化中，現狀絕對無法冷凍。 台灣今日執政者的任務，就是進行改革。必須不斷的改革，不斷的進步，才能安定。事實證明只有「改革中求進步」才能安定。　　（原載於中國時報論壇 2000/12/09）

■ 1982 年姚嘉文攝於景美看守所，很難得走出牢房外坐。

第六章
黑牢展望

一、舊書千卷

（一）牢中讀書

判決確定後就要準備坐 12 年苦牢。坐牢時維持心情穩定非常不容易，牢中同難，有人情緒坦然穩定，但大部分都很難如此。有人情緒不安失控，有人怨天尤人，有人期待假釋出獄，有人期待大赦特赦，各種情形都有。

我坐牢時，我的父親及家人經常來面會。妻子周清玉雖然孤單痛苦，也能忍痛照顧女兒姚雨靜，我妹妹姚寶釵及妹夫簡秋隆搬入我家同住，就近照顧。周清玉每週三來面會，帶來食物書籍衣物，以及外面消息及朋友的關心。這都是讓我能靜心坐牢，安心寫書的因素。

我一開始就注意要維持很穩定的情緒。我經常禱告，懇求上帝賜給我「勇氣」與「智慧」。我發現，只要身體健康，情緒就會安定。如遇生病或有不適就很容易感到頹喪、悲傷、難過。我要獲得勇氣來度過艱困的牢中生活，就要維持身體健康，要有充分的睡眠，運動，三餐飲食要正常。

至於追求智慧，就是要多讀書。讀書可以從古今事件學到很多的經驗。本身經歷的人生經驗，加上從書本得來的他人的經驗，可以增長見識，加多智慧。

　　我們在「美麗島運動」時期，雖然不斷思考，討論及研究，但仍然覺得缺乏許多政治活動所必需的知識。在推動「美麗島運動」各項活動時，有許多必須檢討的地方。在接受軍法審判時，也沒有足夠的瞭解與準備。我對「中國國民黨」政權的本質，以及中國軍人的真正面目了解不多。我覺得需要更了解「中國國民黨」，也需要了解「中國共產黨」，及蘇聯的歷史及本質。我需要讀更多的中國歷史。我必須利用這段時間看很多書。

　　首先，我向看守所圖書室借書。看守所圖書室裡面有很多的歷史書，大部分是以前的獄友出獄之後所留下來的。

　　中國歷代二十四史，全套《資治通鑑》都很齊全。還有許多如諾貝爾文學獎的小說。我借的第一本書是《王安石變法》，我很高興圖書室有這本書，馬上借來讀。

　　家人每週可以送兩本書進來，同時也可以請看守所人員到外面去買書。

　　每個禮拜我可以借兩本書。同牢房很多人多不借書，所以我就用他們的名義去借。一個禮拜可能就借上五、六本，再加上家裡送來，我有相當足夠的書可以讀，我讀了許多歷史書，對於台灣歷史與處境，就更加的了解，增加不少見識。

　　在牢中，有一個自稱是「中國國民黨」高級幹部的受刑人，因與中國商人貿易經商被關，經常找我聊天。他說，「中國國民黨」方面比較注意你這個人，但他們認為你不足畏，因為你對政治對黨務所知不多，又不很專心在運作黨外事務。我說我在執行律師業務，又在大學教書，也參加社團活動，並沒有能全心全力參加政治活動。

■ 姚嘉文在獄中勤讀台灣
歷史書，在坐牢七年後，
完成「台灣七色記」長篇
小說。

那人笑著說：

「就是這樣……所以我說，你們鬥不過我們『中國國民黨』的。你知道嗎，『中國國民黨』有多少人，在『工作』你嗎？台灣警備總司令部，調查局，還有其他機關……少說 20 人，恐怕超過 30 人。有的監聽你的電話，有的在你身邊當志工，有的日夜跟蹤你，有的研讀你的書你的文章，有的在你演講時錄音，有的四處放不利你的消息，有的做別的。更不要說那一大堆線民……所以，我說你們鬥不過我們的……」

他又說：

「你們這些人中間，我們認為你是比較肯用心，比較能用心的。你都這樣不多用時間辦活動，其他人更不用講了……所以你們是搞不出甚麼名堂的。」

我雖不完全同意那位「中國國民黨」高級幹部的說法，但我也承認我們未用足夠時間及精力從事政治運動。我們也缺乏所必備的智識，對「中國國民黨」以及「中國共產黨」的認識嚴重缺乏。

因此，我決定利用坐牢時間，多讀些書。

在我開始坐牢時，我不斷禱告上帝，想要了解安排我入牢受難，上帝的旨意究竟是甚麼？有一次，周清玉來接見，提到一件事。以前我們聽黃煌雄說，寒暑假學校放假，他不用教書時，他會帶一麻袋的書，到台東山上他當兵認識的農家借住，全心讀書。我就是寒暑假不教書，也要辦案件，要出庭，不可能像他那樣到山上，全心讀書。所以我一直很欣慕他。周清玉說：

「你現在可以學黃煌雄，安心在牢中讀書了。」

我以後安心在牢中讀書，借書買書，家裡送書，大大小小讀了一千本書。

我從小喜歡看小說，很崇拜小說作家，尤其是大部頭的歷史小說。以前讀過法國大仲馬寫的《基度山恩仇記》。俄國托爾斯泰的《戰爭與和平》，英國狄更生的《雙城記》等等以歷史為背景的小說，都很羨慕作者的功力。我盼望有一天自己也能寫出以台灣歷史為背景的長篇歷史小說。

在牢中盡量找書讀，主要是找與台灣有關的書，以及中國歷代24史。其他能借到找到的都讀。像國防部出版的中國抗戰史，勦匪戰史，及蘇聯革命史，革命人物評傳，中國共產黨史，人物評傳，以及有名的小說，商務印書局的各種叢書，有書就看。

雖然我想要寫台灣歷史小說，但我也想多吸收各種智識。如果「美麗島運動」時我有足夠政治及歷史智識的話，推動各項運動效果會更好。

（二）牢中難友

跟同房的人維持友好關係很重要。看守所會派受刑人當線民進房同住監視，通常我們都會覺察。其他同牢及別房的牢友也會提警告，但只要小心言行，就不會有麻煩。

一般來說，我和牢中牢友相處愉快。雖然他們不大讀書，但是他們的見識廣泛，常識豐富。很多逃兵案件，士兵攻擊上官的犯上案件及軍中貪瀆案件的，或在中國走私做生意的，都可以與我多談。他們告訴我很多事情。

　　那位澎湖的船員，給我最多消息。他是外省人子弟，看守所方面，對他比較信任，與我同牢很久。他們漁船到中國走私，被中國抓去，回台又被抓進來。他說，在福建被抓以後，他們住在漁民招待所。美麗島「高雄事件」發生時，中國政府在整個漁民招待所牆壁貼滿群眾與軍人衝突的照片。中國宣稱是台灣人民對「中國國民黨」政府的反抗。中國政府對「高雄事件」非常關心。

　　這些船員平常在海上航行時，沒事喜歡聽收音機聽歌聽新聞，所以知道很多事。我們被捕入牢後，外面發生的事情，他們會講給我聽。比如說林家血案，施明德逃亡等，都是他們告訴我的。

　　與同牢難友交談，所得消息談話，對我準備出庭應訊，及寫作構思，都很有幫助。

　　不是所有人都願意跟我們同牢房。有一個晚上，送入一個中年外省人，一入牢房，知道要與一個「美麗島案件」的「暴徒」姚某某同牢房，就向管理士官驚慌喊叫，要求換房。

　　值班管理員士官不敢開門，只在小窗口回答說，夜間他不能開門，要換牢房必須明天監獄官上班後，才能決定。他又安慰那人說姚先生好相處，不要害怕。

　　我們看他滿身臭汗，滿臉驚慌，就問是甚麼案子進來。他說，他去賭場賭博，警察臨檢，查到手槍，沒人承認，賭場的人通通送警察局，轉送軍法處收押。從昨晚折騰到今，飽受軍法處人員百般羞辱恐嚇，又累又怕。

　　我見狀就拿了我的備用牙刷，新的內衣褲，毛巾，叫他去刷牙洗澡。他洗好休息一下。看到大家對他友善，他開始詳說被詢問的經過，知道我是律師，又問了很多法律題。然後，開始責罵「台灣警備總司

■ 1982 年姚嘉文攝於景美看守所，放風時間。

令部」軍事辦案人員，不尊重人權，不尊重被詢問人的尊嚴，刑求逼供，他講他無事也不放他走。

第二天，監獄官前來，問他為甚麼要換牢房，他改變態度說不想換了。

「中國國民黨」及軍方人員不斷向外省人灌輸錯誤思想，指台灣本地人敵視外省人。這種作法，受害的不只是台灣本地人。

我們要坐長期牢的，與那些短期牢友心情自有不同。那些漁船船員，心情比我們輕鬆。

這些到中國走私的船員告訴我，因為「中國國民黨」主張台灣與中國是一國國家，而所謂走私是指與外國走私，同一國之間沒有走私

問題，所以「台灣警備總司令部」軍法處用判亂罪嫌關押他們四個月後就會送檢察署，檢察署當庭會釋放。所以他們不會擔心判刑。

以後，與中國走私越來越多，懲治走私條例修改，包括與中國大陸地區走私也犯「走私罪」。

這些船員每天晚餐後，就一定唱歌。我飯後不讀書，不寫作的時候，就跟他們一起唱。他們教我唱很多歌。

我最喜歡的歌就是布袋戲裡面的南管「相思燈」，歌詞「紅顏自古多薄命」，指漂亮的女人命運坎坷，其中有句說：

「好夢由來最易醒，獨有我，夢未醒」。

這歌詞會讓人想到好人命運多舛，但夢想還是要堅持。

有一個同是「美麗島案件」的高雄難友（以後送司法法院，出獄過幾年過世了），關在隔壁牢間，每晚都在吟詩唱歌。他唸過兩首台語打油詩給我，常常在晚餐後唱給我聽。歌詞是說：

「高雄演講辦未成，

　一時憤慨打憲兵。

　兄弟歸群真僥倖，

　抓到台北軍法庭。」

又一首：

「刑求逼供何時了，

　寶島記事知多少。

　　監房昨夜客又滿，

　　民主人權難又難。」

有位牢友還抄來唐代的一首詩來鼓勵我，是高適的「別董大」：

「千里黃雲白日曛，

　　北風吹雁雪紛紛；

　　莫愁前路無知己。

　　天下誰人不識君。」

　　他解釋說，不要煩惱出獄以後很寂寞，因為大家都認識您們，您們到處都有朋友，千萬不必為未來日子的事發愁。

　　牢中寂苦，牢友送暖，互相安慰鼓勵，幫助很大。

二、小說七色

（一）紅豆劫 – 林爽文事件

　　讀了數個月的歷史書後，我有信心寫歷史小說了。

　　決心要用小說方式寫作，是經過長期間的醞釀與考慮。在讀過一大堆古今中外法政思想及戰爭歷史書籍以後，決定將我有興趣的歷史議題寫成歷史小說。

　　我從小喜歡看小說，特別是歷史小說。我先挑選發生在公元1786 年（清朝乾隆 51 年）的「林爽文事件」作為第一部小說背景。

　　這是經過仔細的考慮的。這個事件是台灣四百年歷史中，最富有

■ 1987 年姚嘉文的三百萬字台灣歷史小說《台灣七色記》發表會。攝影 / 邱萬興

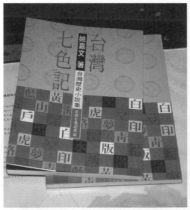

■ 1987 年姚嘉文出版《台灣七色記前記》。

■ 2008 年 5 月，姚嘉文出版《台灣七色記》再次重現江湖，集結再版。攝影 / 邱萬興

意義的事件。此事件的影響，不僅及於台灣全島，而且及於統治台灣的大清帝國。在大清帝國歷史上一樣被認為是一件大事。我寫「林爽文事件」，還有一個原因。我是在寫陸權中國治台之難。

「林爽文事件」發生在清朝乾隆皇帝晚年。大清帝國自此以後，由極盛轉向衰落。

滿清早期，國庫充裕，武力強盛，但因乾隆皇帝好大喜功，屢興戰役，國力日衰，前後金川之役，及準噶爾、緬甸、廓爾喀諸役，耗銀一兆有餘。台灣林爽文之役，尤傷國力。

台灣「林爽文事件」之起，由「天地會」領導。「天地會」本以「反清復明」為宗旨，有清一期，屢次起事。1786 年林爽文以「復興天地會」名義起事，南北響應，全台動盪，事經年餘雖被壓制，然而其對台灣社會的影響至今仍然存在，而對亞洲大國滿清帝國之影響，更為重大。

此次事件，乾隆皇帝本認為「么麻烏合」，小事一樁，不意竟要動員九省兵力，出動十三鎮鎮兵，前後派出總督，提督等大將，仍難輕易解決。乾隆自謂因而失眠，最後迫得遠自陝西調來其愛將福康安，撥給巨額經費，帶領大隊兵馬，過海入台征伐。

事平後，林爽文被逮，送往北京斬首。台灣鎮總兵柴大紀，亦以貪污失職等罪斬首北京。

「林爽文事件」發生的原因，清廷不可能不知，卻避而不議。乾隆皇帝在他的論文中也隻字不提，只是一味指摘兵將作戰不力，要求官軍速速平亂。不知民變起因，只求武壓，功效不大，是為當然。

《清史記事本末》亦只是說：

林爽文世居大里杙，聚眾結秘密社，號天地會……兵役往捕，不敢入，駐兵於五里外土墩，諭村民擒獻，否則村且先焚。鄰近數小村據以怵之。爽文遂因民怨，集眾夜攻營，全軍盡覆。明日，爽文乘勢陷彰化。

此處提到官軍不敢入莊捕捉天地會人，反而以燒莊逼迫村民入莊捕捉，這只是民變的導火線，不是民變的原因。中國作家二月河的歷史小說《乾隆皇帝》則明指「官風惡，民變起台灣」較能顯示史實。

乾隆五十二年（1787）十月福康安拖延經月終於放洋帶兵入台，辛苦的清除了「天地會」勢力，活捉到林爽文。清朝前後運兵不下二十萬員，調兵遠至四川湖廣，遠途水路陸路運兵輸糧，地方騷擾，經費耗損，全國動員，大江南北，均受影響。

根據資料記載，滿清帝國出兵援台，計有 12 兵鎮，連同駐軍台灣鎮總兵柴大紀一鎮，滿清帝國一共動員十三鎮兵馬，是以台灣民間有「林爽文兵反十三鎮」之語。

林爽文兵敗被殺，總兵柴大紀雖有戰功，但因清朝滿漢不合，漢將柴大紀事後亦為清廷所殺。朝廷或因「林爽文事件」，灰頭土臉，怪罪台灣文武，殺了柴大紀洩恨。「林爽文事件」亦反映滿清政府政治之亂象。

據《清史記事本末》評論：

帝遂照著福康安所擬，即行處斬（柴大紀），而於擁兵不救嘉義之恆瑞，前後失律之常青，黃仕簡，任承恩，普吉保等，反得不死，或加擢用。

福康安的「奏報查辦柴大紀瀆職及民番搜拏逸匪等摺」亦指出台灣吏治之敗壞。

「林爽文事件」之研究，不但可以了解台灣在異族統治下，先民起義反抗之壯舉，亦可進一步了解滿清政府中衰之某些原因。

我也在這本小說中，試著說明為甚麼一個小小的天地會反亂，大清帝國無法迅速平定。小說借用一個陶先生的說法，解釋台灣中部的地理戰略價值。他指出：

朱一貴當時，台灣開發未久，人口集中在府城附近，諸羅以上尚少開發。百姓來台未久，鄉思甚重，生活亦多依靠內地貿易，因此府城、安平地位重要。然一旦起事，內地隔絕，貿易停止，生計即生困難。今日情勢不同，移民遠到雞籠各地，鹿港、淡水兩港興起，與府城爭雄，大肚溪兩岸，田園萬甲，莊頭千座，與六十年前，並不相同。府城入手固然重要，但鹿港、淡水亦未可忽視。

又說：

再說，縱府城不能得手，但彰化一帶，自大里杙以下，經南北投、林圮埔、斗六門、庵古坑、直至諸羅城、鹽水巷一帶，都是漳洲人天下，前有深海、後有大山，進可以攻，退可以守……若說府城有佔海佔港之利，彰化便有佔陸佔山之勝。

又說：

其實，佔得府城，反有不利。當年鄭成功父子以台島抗天下，專恃船舟之力，朱一貴無船舟之力，不足以制扼台海，故安平一失，大事去矣，今日咱也無海船之利，怎可與爭港海？

彰化遠離府城，清朝大兵即使入台，亦鞭長難及。自府城以來，先阻鹽水，再阻諸羅，三阻斗六門，四阻南北投，路遙山深，吾人大佔地利，即使一時失利，亦可以入山持久。故此地可以攻，可以守，可以逃，可以活，可以越，可以藏，可以久，誰曰地利不足？

這本小說，是以一位從中國福建漳州府來台投靠未婚夫的女子「紅豆」為主角，以她的旁觀視線，來觀察「林爽文事件」的發展經過，保持我「以小民看世界」的寫作原則。「天地會」以「洪」為姓，「紅」「洪」同音，「紅豆」在小說中被呼叫為「紅豆姊」，而豆粒有傳播思想種籽的含意，為表示「天地會」反清復明思想傳播現象，故以「洪豆姊」書名。後來陳恆嘉教授在推介這本小說時，強力主張改書名為「洪豆劫」。

我本主張小說書名要中性，不加主張或立場，但好友盛情難卻，只好從命。

（二）黃虎印 – 臺灣民主國

其後寫「黃虎印」，敘述台灣1895年成立「台灣民主國」的史事。我不多寫台灣人民抵抗日軍的經過，專寫「台灣民主國」國印「黃虎印」的顛沛流浪，受難失落的故事。「台灣民主國」是亞洲第一個共和國家，雖事未成功，但建國不立帝王，而帶進西方進步政制觀念，建立共和體制，為亞洲首創。

據說清末推動倒滿革命人士，受「台灣民主國」事件的影響，創立「民國」，不用「帝國」國體。可見「台灣民主國」成立，意義之

大。近人林子英有詩以讚：

「一場春夢去無痕，

畫虎人爭笑自存，

終是亞洲民主國，

前賢成敗莫輕論。」

以後，我的小說《黃虎印》改編成歌子戲劇本時，歌詞改寫成為：

「一場春夢去無痕，

乾坤朗朗歷史存：

前人成敗莫輕論，

總是亞洲民主魂。」

「台灣民主國」的黃虎國印，下落不明，小說安排掉落煤礦深坑中，有期待民主國來日再現的含意。我也寫下一首詩歌詠其事：

「血汗鑄金印，

苦情啟後人。

山川藏靈聖，

風雨應時辰。」

小說後由鹿港才女施如芳改編成歌子戲劇本，2008 年由「唐美雲歌子戲團」，在國家劇院演出，五場爆滿。

《黃虎印》小說寫作時，投入許多心血。有一次，在寫稿時，為

■ 2006 年 2 月 23 日發表的「黃虎印」新編歌仔戲劇本，編劇是施如芳、原著考試院長姚嘉文、繪圖林耀堂老師合作創作的成果。攝影／邱萬興

■「黃虎印」新編歌仔戲，在國家劇院演出，姚嘉文、周清玉與唐美雲合影。攝影／邱萬興

■「黃虎印」新編歌仔戲，在 2008 年 5 月 12 日起在國家劇院演出，透過唐美雲歌仔戲團的演出，讓失落在歷史幽谷的黃虎印，感天動地重見天日。

了定位男主角楊太平的心境，考慮了很久。故事中有「反清復明」傳統背景的天地會分子，對台灣脫離滿清統治不會抗拒，對日本政府入台主政，無力抵抗，對新設的「台灣民主國」不抱期待。那麼處在1895年代的台灣青年，究竟何去何從，必須定位。於是我寫了一封信給關在隔壁押區的高俊明牧師，問他意見。

信件託押區憲兵設法轉送。一個月後，高牧師寫來一封長信，詳述他對時代變遷，社會進步時的新青年之期許，給我寫作時很大的幫助：

敬愛的姚律師平安！

你說，若有一青年在一八九五年，滿清政府割讓台灣給日本時，問起有關「新生命」的意義等事，要如何回答？

我先要假定四件事：

1. 那位青年是位有抱負，有理想，熱愛真理，又熱愛民族，國家的好青年。

2. 他對滿清政府割讓台灣給日本的事，一定很痛心。

3. 他對台灣同胞抗日失敗，而淪為日人殖民地的人乙事，也必痛感悲哀。

4. 他切望明白，在這種情況下，生有何目的，又應如何達成此目的等事。

據於這種了解，我要簡單回答如下：

一、「新生命」的目的：

■台灣基督長老教會高俊明牧師因為幫助施明德逃亡，警總軍事法庭以「共同藏匿叛徒」罪名，6月5日判高俊明牧師有期徒刑7年。姚嘉文在獄中寫信請教高俊明牧師對時代變遷的看法。這是1987年1月出獄時，高俊明牧師在濟南教會為姚嘉文舉辦歡迎歸來祈禱會。攝影／邱萬興

1. 聖經說「若有人在基督裡，他就是新造的人」，持有「新生命」（哥林多續書五章17節、羅馬書六章4節）

2. 聖經一再強調「新生命」的目的乃是「要盡心，盡性，盡意愛主你的上帝」，又要「愛人如己」。（馬太廿二章37至40節、馬可十二章28至32節）

3. 換一句話說，我們應奉獻我們的心力、智力、體力、財力和一切，來愛主，愛真理，愛同胞，愛人類。

4. 所以自己的故鄉不幸成為日人殖民地，我們的使命仍是要竭力愛自己的同胞和一切周遭的人。並且，我們也應向建設一個充滿著真理，公義，仁愛，自由，和平的社會乙事，勇敢邁進。

二、要如何達成這「新生命」的目的？

1. 我們要先成為「新造的人」，才能建設「新造的社會」。聖經說「要將你們的心志改換一新，並且穿上新人，這新人是照著上帝的形像造的，有真理的仁義和聖潔。」（以弗所四章 23 至 24 節）。

2. 又說，要「行公義、好憐憫、存謙卑的心，與你的上帝同行」。（彌迦書六章 8 節）。在此所提的「行公義，好憐憫……」等等事，是「新生命」中的四大要事，所以，我要分段來說明。

三、「新生命」與「行公義」：

1. 主耶穌說「飢渴慕義的人有福了，因為他們必得飽足。（馬太五章 6 節）。

2. 又說「為義受逼迫的人，有福了，因為天國是他們的」。（馬太五章 10 至 12 節）。

3. 舊約聖經說「公義使邦國高舉，罪惡是人民的羞辱。……國位是靠公義堅立。」（箴言十四章 34 節，十六章 12 節）。

4. 又說「義人增多，民就喜樂。惡人當權，民就嘆息。」（箴言二十九章 34 節，二十五章 5 節）。

5. 所以有「新生命」的人，必須切慕公義，又力行公義。

四、「新生命」與「好憐憫」：

1. 使徒約翰說「……沒有愛心的，仍住在死中。（必死的舊生

命中）。凡恨他弟兄的，就是殺人的，……主為我們捨命，我們從此就知道何為愛，我們也當為弟兄捨命。」（約翰一書三章 13 至 19 節）

2. 主耶穌說「若有人要跟從我，就當捨己，背起他的十字架來跟從我，因為凡要救自己生命的，必喪掉生命，凡為我和福音喪掉生命的，必救了生命。」（馬可八章 34 至 35 節）。

3. 主又說「你們的仇敵要愛他，恨你們的要待他好，咒詛你們的要為他祝福，凌辱你們的要為他禱告。…你們願意人怎樣待你們，你們也要怎樣待人。」（路加六章 27、31、35 節）。主在這裡所強調的乃是「化敵為友，才是真正的勝利」。

4. 有關「愛」的經節甚多，請也參照馬太 25：31~46，羅馬 12：9 至 21 及哥林多前書十三章全部等。

　　五、「新生命」與「謙卑」：

1. 主耶穌說「虛心的人有福了，因為天國是他們的。」（馬太五章 3 節），又說

2. 「凡自高的必降為卑；自卑的必升為高。」（路加十四章 11 節，以賽亞五十七章 15 節）

3. 聖經說「耶和華（上帝）靠近傷心的人，拯救靈魂痛悔的人。」（詩篇 34 篇 18 節）。

4. 又說「上帝阻擋驕傲的人，賜恩給謙卑的人。」（彼得前書 5 章 5 節）

5. 誰是「謙卑」「虛心」「靈性痛悔的人」呢？就是那些有勇氣告白自己道德上，倫理上，理智上，心靈上的不完全，並懺悔自己言語上、行為上、信仰上、心思意念上的過錯的人。

六、「新生命」與「與主同行」：

1. 主耶穌說「主的靈在我身上，……叫我傳福音給貧窮的人，差遣我報告被擄的得釋放，瞎眼的得看見，叫那受壓制的得自由，報告上帝悅納人的禧年。」（路加四章 18 至 19 節）

2. 上帝說「看哪，我的僕人……我已將我的靈賜給他，他必將公理傳給外邦，……壓傷的蘆葦，他不折斷，將殘的燈火，他不吹滅。 他憑真實將公理傳開。他不灰心，也不喪膽，直到他在地上設立公理，海島都等候他的訓誨。」（以賽亞 42 章 1 至 4 節）

3. 主耶穌的人生就是傳揚福音的真理，醫治身心受傷的人，解放受壓制的人，伸張公義，擔當眾人的罪而死，為要救人進入「新生命」而復活……的人生。

4. 所以在基督裡有「新生命」的人，也應勇敢與受難的大眾認同，又分擔眾人的苦楚，努力建設充滿著「真理、公義、仁愛」的光明社會。

七、「新生命」與「苦難的祝福」：

1. 主耶穌說「你們將要痛哭、哀號，世人倒要喜樂，你們將要憂愁，然而你們的憂愁要變為喜樂。」……在世上你們有苦難，但你們可以放心，我已經勝了世界。」（約翰 16 章

20、33 節）

2. 聖經又說，到末日，主必擦去祂子民一切的眼淚，並領他們進入那充滿著真理、公義、仁愛的永恆世界（新天新地）。（啟示錄廿一章1至4節）因此，我們信主耶穌而持有「新生命」的人，應「不怕苦、不怕死」地為真理奮鬥。林肯說「為真理而戰，死亦光榮」。

最後我要以「聖法蘭西斯的禱告」來結束此文。

「主啊！使我成為您和平的工具！

在憎恨的地方，讓我播下愛心；

在創傷的地方，讓我播下寬恕；

在疑慮的地方，讓我播下信心；

在絕望的地方，讓我播下希望；

在黑暗的地方，讓我播下光明；

在悲傷的地方，讓我播下喜樂」。

「啊！神聖的主，

願我不企求他人安慰，只求安慰他人；

不企求他人諒解，只求諒解他人；

不企求他人的愛，只求愛他人；

因為在施捨中，我們得著，

在寬恕中，我們得寬恕，

在死亡時，我們活入永生。阿們。」

高俊明上一九八二、八、四

（三）黑水溝－東寧王國

寫完《黃虎印》，接著寫《黑水溝》。《黑水溝》寫鄭成功子孫「東寧王國」的敗滅及天地會的興起。寫《黑水溝》的目的，當然是要藉用這段歷史事實，來啟示國人有所警惕，勿蹈歷史錯誤，勿使台灣重入中國統治。

東寧之敗，讓台灣陷入落伍腐敗的陸權帝國212年，雖經「三年一小反，五年一大反」的反抗運動，終無法擺脫陸國帝國統治。

■版畫家林耀堂老師為「黃虎印」創作的數位版畫作品。

193

1895 年又被另一帝國海國日本的統治，二次大戰之後，中國政權入台統治，釀成 228 事件，歷史教訓，歷歷在目。台灣自主自決，始有前途，不能不知。

台灣統治者，如何保台，如何得到人民的支持，小說中，藉用一位老年讀書人（沈文開）的話，道出今天仍然存在台灣的問題：

以台灣彈丸之地，欲抗滿清天下之力，只有內結番漢百姓，外連東西兩洋，修民政，整軍備，始足以自存。

王爺仍用永曆年號，雖保了大明正朔，然奉不存之正朔，示民以無望，究有未合……開國應頒新朔。

以今日台灣堅持採用不存在之國號，不知團結國人之政客之多，小說所言，自有其含義。

《黑水溝》的寫作計畫，與前不同。不再寫長篇，改寫簡潔小說，約 17 萬多字。因其簡潔，故國立台中教育大學學生翻寫成台語版時，先翻寫此本。德國學者蔣永學博士（ Dr. Thilo Diefenbach ）翻譯我的《台灣七色記》為德文，亦選擇優先翻譯《黑水溝》。

（四）白版戶 – 土斷

寫好《黑水溝》，接著寫《白版戶》。《白版戶》的寫作，考慮再三。

《白版戶》以中國魏晉南北朝「肥水之戰」「五胡亂華」為歷史背景，與台灣歷史沒有直接關係。不過，東晉當時的社會結構及政治權力的不公平情況，有些與台灣情況相似，可以以古鑑今，值得參考。且「五胡亂華」後的民族大遷移，有部分人移入閩南晉江各地，與台

灣有某種關係。

　　東晉南遷士族權貴，不願入籍南土，而以白版列戶，享受特權。東晉改革人士唱導「土斷」，主張以現在居住土地斷定身分，不再引祖籍原籍而享特權。台灣長期因外省人以其戶籍法上的「籍貫」，而享受國家考試及政治上各種特權，其情形與東晉時代的「白版戶」制度相似，又因晉人入閩，佔住閩南地區，而易其地名為「晉江」，台灣早期來自福建移民，多有泉州晉江縣者，勉強列為此「台灣七色記」之一部。

　　《白版戶》寫作非常辛苦。中國安徽淮河肥水各地，我沒去過，地理山川我都陌生，專憑書本上的記載與古今地圖的方位，來描述小說事件的進行及人物的行蹤。　有一天，牢房進來一位自稱中國安徽省的外省人，我問他是真的安徽人，還是假的安徽人。他不解地問甚麼意思。我說你是中國安徽省長大的，還是只是戶籍上因父祖是安徽省人，也登記是安徽人。他說，他是安徽省長大的，是共產黨統治了很久才離開來台的。於是，我將《白版戶》的稿件給他看。請他看看我寫的安徽地理方位、山川文物，有沒有離譜差錯的地方。

　　他看了幾天，有一天，他指出一個問題。我的稿件上，寫著那年冬至日，男女主角吃了冬至飯，出門駛船北上淮水去探訪胡秦軍情。這位安徽人笑著對我：

　　「姚先生，冬至時候，安徽淮水一帶，河水結冰，那你怎麼還寫可以駛船航行？」

　　長住亞熱帶台灣的我，下筆寫稿不會想到寒帶地區冬天有河水結冰的問題。

我只好將他指出的這個部分重新改寫。

《白版戶》這本小說曾被幾個歷史研究所，指定為中國魏晉南北朝歷史的課外參考讀物。

（五）藍海夢 － 二戰後的臺灣

《藍海夢》寫台灣與太平洋的關係。這部小說以花蓮地區為地理中心。因花蓮東臨太平洋。太平洋及台灣東部各地區形勢，我早已熟悉，寫作上沒有困難。小說處理第二次世界大戰末期台灣情事，那時已是 20 世紀中葉，我已稍稍懂事，時代背景讀者亦多熟悉，不用作者太費心去舖敘歷史背景，不像寫古時往事常常要揣摩古人的心態，與談話的的語氣。世界新思想也能放心加入，可以充分表達作者的想法。

《藍海夢》小說以一位浪跡四海的商船船員為主角，藉他的話語介紹世界局勢，各地風物，戰爭情勢。故事以「東」「西」「南」「北」「中」五個章節，來描述戰後台灣何去何從的困境。

這部小說與日本國有深切關係，因此，一位楊景賢老先生率先把這本小說，以及也與日本國有關係的《黃虎印》翻成日文，另外鄧凱雄老先生把《青山路》翻成日文。

我重視海洋與台灣的關係，除了南海有關台灣安全外，太平洋更與台灣的生存有密切關係。我曾經提過一個「鳥巢理論」，說我們要把台灣島嶼當作鳥巢，不要當作豬欄。鳥巢不在大小，在有沒有堅固安全，位置是否適當，巢中居住的鳥隻，是否具有飛翔及辨別方位氣象的能力。這與住在豬欄中的豬隻不同。我藉小說中男主角西門的話表達這個意思：

■姚嘉文七色記手稿。

「海鳥不能像豬隻一樣，一生只在小豬寮內生活。海鳥要離巢出門，但巢還是巢，家還是家，他會歸巢休息。

「台灣是我的家，我們要有如海鳥一樣，有盤旋天空海洋的力量，才有能力保護自己的家，才不怕家園巢穴被人所毀所佔……我不做籠中鳥，我要做海上人……」

（六）青山路 – 聯合國

《青山路》是我牢中寫作最滿意的一部小說。這部小說以 1971 年聯合國處理「中國代表權」問題的時空為小說背景。主角是一位律師，地理中心定在美國舊金山市，年代和我在美國舊金山灣區留學研究（1972）只差一年。當時當地的人、地、時、物、事，我都熟悉。

故事以謀殺及遺產爭議的法律案件之處理展開。小說寫來得心應手，作品自然滿意。

這本小說曾經幾次有人想拍成電視連續劇，在電視台播出，但因故事涉及政治敏感議題，而當今電視節目流行商場爭鬥角力情愛糾纏，嚴肅政治議題不受歡迎，拍片計畫終未能實現。

「聯合國問題」是近日台灣建國運動的三大議題（其他兩者為「正名」「制憲」）。在 1979 年 4 月，黨外人士在我的律師事務所，發表「黨外國是聲明」，主張進行加入聯合國運動，一方面突顯台灣的獨立主權，主張台灣是一個國家，另方面與同樣在台灣爭取自由民主的統派朋友稍作區分。

1971 年，美國總統尼克森提出「雙重代表制（dual representatives）」案，企圖說服台灣「中國國民黨」政府接受一台一中同留聯合國，沒有成功。這段史事的前因後果，得失利害，是這本小說的基本議題。

（七）紫帽寺 – 鄉情遠去

最後一本小說是《紫帽寺》。「紫帽」兩字，來自中國福建省古時泉州府晉江城南方南薰門外，過晉江南岸西南方的「紫帽山」。（見明朝《萬曆泉州志》附圖）。

《紫帽寺》藉寫泉州人的故事，書寫海外華僑的思鄉情結。我寫作前，沒有去過泉州晉江。出牢後，去過一次，我雖聽說祖先是泉州晉江人，但我去訪晉江縣時，絲毫感受不到有「同鄉」「同人」的感覺。我常年在台灣與來自菲律賓的泉州華僑交往，他們也一樣對所謂「故國原鄉」沒有特別感覺。

■《台灣七色記》的黃虎印與紫帽寺。

　　雖然有些政府常用「故國原鄉」來做統戰，或號召，但正如小說中爭論到的話：

　　華僑雖承認我們祖先是從唐山搬出來的，但我們認同的唐山，是一千年前、五百年前的唐山，不是今年今日的唐山。我們從書籍上，從古史上去認同唐山、認同建州、認同福州、認同泉州，卻不肯和今日的建州、福州、泉州發生關係。因為我們覺得今日的建、福、泉各州的人的地，的山，的水，和我們祖先當時的人地山水，已經完全不同了。

　　小說藉著第十世紀時（中國歷史上所謂「五代十國」）的「大閩帝國」的歷史，說明所謂「中國」歷史上分多於合，不是永遠有所謂一個完整的統一國家。由五代十國中的「大閩帝國」的歷史演變，看今日南海周邊的形勢，談到千年同局的歷史方向。

幾年後，我在擔任立法院國防委員會召集委員時，就南海問題寫了一本《南海十國春秋》，實際上是在延續寫《紫帽寺》時的想法。

（八）七色記前記・霧社人止關

1986 年底寫好修好最後的一本小說《紫帽寺》後，不計畫再寫下去。雖台灣歷史上還有兩個重要事件，「霧社事件」及「228事件」，沒有寫，但因資料缺乏，或議題敏感，不想再寫下去，就寫了一本「前記」，記錄我寫「台灣七色記」的構想，經過及感想。想不到第二年初，便被釋放，剛好結束這段奇妙的寫作歷程。

這本「前記」，一方面向讀者介紹各集小說的背景、主題及意義，另也表達作者寫作心得，記錄作者七年牢中寫作的經驗及各集小說構思、籌畫、設計、著筆的經過。「前記」可以作為這部歷史長河小說的導讀，也可提供給有意寫作長篇歷史小說的朋友參考，作為寫作手冊之用。

在「台灣七色記前記」我綜合我讀歷史寫小說的感想與目的：

人生變化無常，隨時有新而不同的情勢要加適應，適應良好，才有能力開拓前途事業，良好的適應能力來自過去經驗的檢討，和現在處境的了解，以及未來方向的把握。

人不只活在現在，也活在「回憶」與「期待」之中。人不能只過「現在」的生活，也時時刻刻回憶著「過去」，期待著「未來」。他依賴自己以及他人的經驗，為了追尋方向而生活。

「經驗」賜給我們教訓與智慧，使我們明瞭現在的處境，

清楚未來的方向。一個失去記憶或記憶失真的人，不能有完整的經驗，於是他不能有健全的生活。

一個人這樣，一個民族更是這樣。

「歷史」就是民族的回憶，民族的經驗。

人在休息的時候，必須回憶一下過去。短時間的休息，應該迅速的回憶即刻的過去。若在長時間的休息，應該回憶遙遠過去的經驗。要仔細的回憶，不僅回憶自己一生，而且回憶自己民族長久過去的複雜經驗。

20年之後，我將行政院「原住民族委員會」，及「228事件紀念基金會」所出版的有關出版物，收集研讀，於2006年寫成《霧社人止關》，將「霧社事件」及「228事件」兩事件合寫成一本小說。終於完成我將台灣歷史中重要事件，寫成歷史小說的夢想。

■姚嘉文霧社人止關手稿。

■ 2006 年 5 月，姚嘉文出版《霧社人止關》新書發表會。攝影 / 邱萬興

■《霧社人止關》是記錄霧社事件與二二八事件的歷史小說。

我在《霧社人止關》的結尾提說：

歷史會過去，人物會死亡，記憶不會消失。

三、宣言抗爭

（一）黑牢抗爭

景美看守所牢中生活本來非常平靜，牢友與管理人員相處和平，只偶爾有些爭執，很少有大型抗爭。

1982 年初，看守所換了一位新的蔡姓所長，彰化縣鹿港人，為人好大喜功，官階少校，很敵視「美麗島案件」受刑人。到任之後，

誇口要整頓看守所紀律，好好管教「美麗島案件」受刑人。

據監獄官告訴我們，新所長聽說管理人員對「美麗島案件」受刑人太客氣。「美麗島案件」受刑人常常不聽管理人員命令，時還吵架抗爭。蔡姓所長表示要好好整頓整理。他說他不怕任何人，不管他們家屬擔任國會議員或什麼職務，他都不在乎，他有辦法管教好任何受刑人。

蔡所長接著採取很多措施，一方面禁止管理人員與我們談話接觸，也嚴禁同案受刑人講話。前任幾個所長常常會找我們聊天，這位蔡所長則不屑與我們談話。他規定家屬接見要嚴格監聽紀錄，放風運動時間要嚴格限制，外面送入的書籍要嚴格檢查。他又宣布不准再給特別接見。

有一次，周清玉送來一本連橫的《台灣通史》，因有「台灣」兩字，不准送入。又有一次，周清玉送來一件國民大會的 T-shirt 短衫，因上面有「國民大會」字樣，而說我不是國民代表，不准送入給我穿。周清玉送入的國民大會空白稿紙，上面有「國民大會」幾個字，叫其他受刑人用剪刀把那個幾個字裁掉，再交給我。諸如此類很多方法，目的在羞辱我們。對其他受刑人也都是經常毆打體罰。種種措施令人難以忍受。

當時的政治局勢引發在牢中的關心。1982 年 8 月 17 日美國總統雷根發表《八一七公報》，向台灣政府提出《六大保證》，保證對台灣的支持。「中國國民黨」方面，王昇將軍卻採用許多措施，加強壓制台灣的民主自由運動。於是我們決定借題進行抗爭，宣示台灣人民追求民主的決心。

我們的計畫發表一份宣言書後進行絕食。宣言書由我起稿，提交

張俊宏、黃信介、林弘宣討論修改。雖大家不能見面，還是想辦法交換意見。初稿完成後，託人把宣言書稿交給林義雄，等有見到他的時候問他的意見，請他共同簽名。

那個時候在景美看守所只剩下我們五個人。之後見面的時候，我問林義雄的意見，他認為我們寫得太軟弱，不夠強有力。他對稿中很多句話都有意見。他批評說，宣言書文字應該寫得更清楚，對「中國國民黨」應該給予更強烈的批判。我說，我們不必寫得太強烈，能突顯出我們的立場即可。如果他堅持寫強烈一點，就請他修改一下，我們照他的意思重寫。他拒絕修改，叫我們自己去寫。我答應他照他意思改寫，寫完請他簽字。他說你們去簽，我不會簽。所以最後的宣言書稿就只我們四個人（黃信介、張俊宏、林弘宣和我）簽名。

這份宣言書主要主張「民主比統一重要」。那個時候，「中國國民黨」，尤其是王昇的國防部總政戰部，仍然在宣傳要光復大陸，統一中國，全面壓制台獨思想。北京的「中華人民共和國」政府也在宣傳統一台灣，反對台獨。我們的宣言書主張「民主比統一重要」，是主張台灣應該要實施民主，不要奢言反攻大陸，更不能接受中國的統一。

我們託一位憲兵帶宣言書稿出去給周清玉，同時在接見日告訴周清玉宣言內容，並告知要進行絕食。周清玉將宣言書印製好後，在一個黨外人士聚會的場合要分發，聽說康寧祥阻止她，不准她分發，她只好在會外分發。

（二）共同聲明

宣言書傳單分發後，在星期三接見時間，我們宣布進行絕食，並

■ 1982年姚嘉文、黃信介、張俊宏、林弘宣四人為表達對台灣前途的看法，在這面高牆下的小水溝互通消息，發表了有名的「牢中四人聲明」。攝影／邱萬興

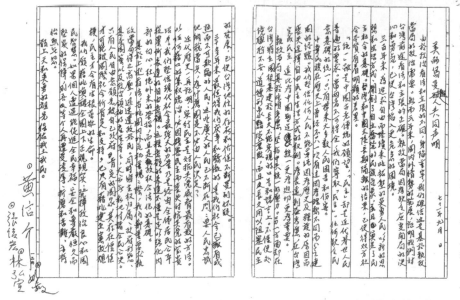

■ 1982年9月，黃信介、姚嘉文、張俊宏、林弘宣發表的「美麗島受難人共同聲明」手稿。

拒收家中送來的任何食物用品。

進行絕食的第二天，有軍事檢察官前來偵訊逼問，問我這宣言書是我們寫的，還是有人藉我們的名義寫的？因有軍事書記官在作訊問筆錄，我在回答前先問，我現在被訊問是以甚麼身分被問，是被告，是證人，或是甚麼？如果是被告，請告訴我罪名，如果是證人，請告訴我誰是被告。軍事檢察官偷偷告訴我說，周清玉為我們發宣言書傳單，上面要辦她們「為匪宣傳」之罪。

如果這樣，我說我的配偶是被告，或者我也是被告的話，我要依法主張緘默權拒絕回答。

軍事檢察官無法，便去打電話。回來後，請我以「關係人」身份回答，上面很急，拜託我合作。於是我回答軍事檢察官，宣言書是我們寫的。軍事檢察官問我怎麼拿出去，我說接見的時候唸給家人抄的。軍事檢察官無奈，沒有再問甚麼，就離開了。

以後牢中牢外，都為我們絕食的事忙碌，沒再有軍事檢察官來問甚麼話。

我們的「美麗島受難人共同聲明」，內容如下：

由於政治看法和主張的不同，身陷重牢，我們確信這是基於執政當局的政治需要。然而三年來，國內外情勢的發展，證明我們對台灣前途看法和主張的正確。執政當局因為缺乏應變開局的決心和勇氣，已使台灣陷入更危急的困境。

三百年來，為追求自由而陸續來此拓墾的英勇人民，以新的思想和生活方式，開創了自立奮發的民族氣象，並且奠定了民主社會的基礎。台灣和中國大陸長期隔離的結果，已使得雙方社會本質有著明顯的差異。

美麗島受難人共同聲明

71年9月1日

由於政治看法和主張的不同，身陷重牢，我們確信這是基於對執政當局的政治需要。然而三年來，國內外情勢的發展，證明我們對台灣前途看法和主張的正確。執政當局因為缺乏應變開局的決心和勇氣，已使台灣陷入更危急的困境。

「統一」雖是中國古老傳統的願望，「民主」卻是近代舉世人民普遍的要求。當兩者不可得全，我們寧取「民主」。任何缺乏民意基礎的統一，只有帶來大多數人民困苦和傷害。

中華民族在歷史上曾經不止一次，有過因為理想不同而分立建國的經驗。我們堅信任何人民不能單純因為歷史及種族的原因，而喪失選擇自由民主生活方式的權利。為長遠利益考慮，在台灣完成民主，遠比為中國製造統一，更為迫切更為重要。

執政當局基於此項考慮，堅拒中共統一的壓力。另一方面卻在台灣將立國根基建於長久不能實現的口號和諾言上。不僅使處境尷尬不安，道德形象黯然衰敗，而且長久用以阻塞民主的發展，已使台灣地位的存在和價值不斷受到懷疑。

三十多年來，最值得我們慶幸和驕傲的，是我們社會已擁有成熟而不可欺騙的人民，這些偉大的人民已不斷在發問。近代歷史一再證明，實行民主是對抗共產黨最有效的方法，以任何藉口的集權統治，必因殘害民主而喪失有效抗共產黨的貪婪活力。我們堅信現代社會最強大有效達不僅是足以強化內部的向心，而且是經由全體居民共同投票所表達的自由意願，杜絕外來的染指。這種意願的表政權合法化的基礎。

基於上述看法。當此國內外危機重現之際，我們鄭重要求執政當局停止高壓，迅速還政於民。同時，將主權歸屬、政府形態、基本國策以及政治領袖的產生等等，私地付諸全民公決。只有尊重全民意願的政府，也只有藉此建立憲政規模，民主才能有生根茁壯的生命。

我們願藉此喚醒全國上下正視現實，發揮政治良心和國民智慧。如果我們願藉此喚醒國際社會所肯定和支持，大公無久而堅實的保障，則吾等個人再遭受凌辱、折磨和苦難，亦將怡然無怨。

願上天和英勇的祖先保佑我土我民。

黃信介　張俊宏　姚嘉文　林弘宣

■這份絕食傳單的印製過程極為艱辛。當時，義光教會外面遭到警總和警方的層層封鎖。為了突破警總和警方的層層封鎖，只好在義光教會內先將海報切割成三份分別攜出教會後才能印刷完成。「美麗島受難人共同聲明」傳單，讓國民黨大為震驚，引起警備總部全面查禁該聲明。

　　「統一」雖是中國古老傳統的願望，「民主」卻是近代舉世人民普遍的要求。當兩者不可得全，我們寧取「民主」。任何缺乏民意基礎的統一，只有帶來大多數人民困苦和傷害。

　　中華民族在歷史上曾經不止一次，有過因為理想不同而分立建國的經驗。我們堅信任何人民不能單純因為歷史及種族的原因，而喪失選擇自由民主生活方式的權利。為長遠利益考慮，在台灣完成民主，遠比為中國製造統一，更為迫切更為重要。

　　執政當局基於此項考慮，堅拒中共統一的壓力。另一方面卻在台灣將立國根基建於長久不能實現的口號和諾言上。不僅使處境尷尬不安，道德形象黯然衰敗，而且長久用以阻塞民主的發展，已使台灣地位的存在和價值不斷受到懷疑。

　　三十多年來，最值得我們慶幸和驕傲的，是我們社會已擁有成熟而不可欺騙的人民。這些廣大的人民已不斷在問：要人們忠誠的納稅當兵，為什麼國是不必由人民決定？

　　近代歷史一再證明，實行民主是對抗共產威脅最有效的方法。以任何藉口的集權統治，必因殘害民主而喪失對抗共產的寶貴活力。我們堅信現代社會最強大的力量，乃是經由全體居民共同投票所表達的自由意願。這種意願的表達不僅是足以強化內部的向心，杜絕外來的染指，而且是政權合法化的基礎。

　　基於上述看法，當此國內外危機重現之際，我們鄭重要求執政當局停止高壓，迅速還政於民。同時將主權歸屬、政府形態、基本國策，以及政治領袖的產生等等，大公無私地付諸全民公決。只有尊重人民意願的政府，其存在價值才可能被國際社會所肯定和支持，只有藉此建立憲政規模，民主才會有生根茁壯的生命。

　　我們願藉此喚醒全國上下正視現實，發揮政治良心和國民智慧。如果個人遭遇能促進全民幸福、安全和尊嚴恆久而堅實的保障，則吾等個人再遭受凌辱、折磨和苦難，亦將怡然無怨。

　　願上天和英勇的祖先保佑我土我民。

黃信介

張俊宏

姚嘉文

林弘宣

1982 年 9 月 1 日

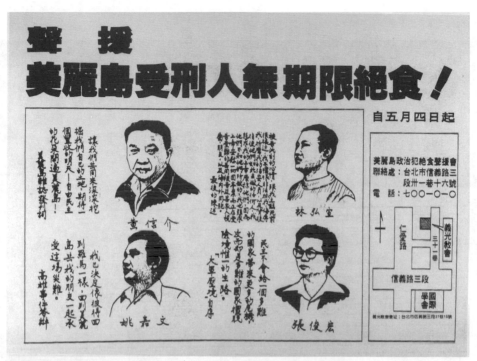

■ 聲援黃信介、姚嘉文、張俊宏、林弘宣，「美麗島受刑人無期限絕食！」傳單。

■ 黨外人士發起「追求民主、分攤苦難」，在台北市義光教會展開絕食聲援活動，左起
江鵬堅、黃天福、許榮淑、周清玉、林黎琤、尤清、謝長廷。

■經歷七年多的黑牢苦難，姚嘉文從不後悔走上台灣民主改革這條路。1987年1月20日，
姚嘉文獲假釋出獄，與妻子周清玉、女兒姚雨靜，一家團聚。攝影 / 邱萬興

第七章
翻轉人生

一、吾黨吾國

（一）加入民進黨

1987 年一月我獲釋出獄，「民主進步黨」主席江鵬堅來見，與我討論「民主進步黨」的定位與任務問題。他說黨內有不同意見，有的認為「民主進步黨」是參政團體，以提名助選為宗旨。有的認為「民主進步黨」應該是政治團體，以推動獨立建國為宗旨。我告訴他，台灣民主運動有兩股力量，參政運動與改革運動。「美麗島運動」是這兩股運動的結合，「民主進步黨」應該也是如此，不能只偏一部份。

我又說，台灣政治運動有時代性階段性，從「反對運動」（人權運動）到「參政運動」（民權運動）至今日的「建國運動」（主權運動），運動性質與訴求越來越複雜。所以要界定「民主進步黨」的定位與任務，必須兼顧各種相關因素。

然後，我們就得到這個結論：「『民主進步黨』是一個在台灣推動政治改革的政治組織。」不久，我入黨補選為中常委。年底出任黨主席。黨中央就依照這種觀念制定各種政策，通過各種大會決議。

由於政治運動有其時代性階段性，必須按照當時客觀條件及形勢制定具體訴求。「美麗島運動」時期，把訴求限定為「解除戒嚴」「國

■姚嘉文、周清玉與民
進黨創黨主席江鵬堅
（左一）、陳菊（左
二）。攝影／邱萬興

會全面改選」及「修改憲法」。修改憲法不提如何修改，不提有關新
憲法內容主張，目的只在挑戰「中華民國憲法」所謂的神聖不可侵犯。
「民主進步黨」成立時，主張「台灣前途應由台灣住民決定」，具體
訴求定為「正名」「制憲」「台灣加入聯合國」。具體訴求改變，是
為因應時代變化，及客觀環境的不同。

　　「民主進步黨」是一個實踐實行的團體，推動台灣民主運動就要
有這種認識，不論在選舉策略及口號上，或在群眾運動訴求上，都要
配合客觀現實和人民思想。在人民的思想還不夠成熟時，要先推動宣
導宣傳活動，不能好高騖遠，天馬行空提出脫離現實的具體主張，專
談遙遠的美麗口號。

　　在辜寬敏先生的回憶錄《逆風蒼鷹》中，記載一段往事。早年他
們在日本推動台獨運動時，去拜訪一位日本國會老議員。因他們只在
訴說台灣人民受「中國國民黨」外來統治，痛苦萬分的悲哀。那位日
本老議員聽了很失望，把他們趕出門，說以為你們來是要談台灣前途
台灣建國的事。你們談這些事，我沒興趣聽。

　　這位日本老國會議員的話雖沒有錯，但台灣在「反對運動」（人權運動）時期，人民所關注的是生活的不自由，人權被剝奪，希望能解除困境，要到「參政運動」（民權運動）及「建國運動」（主權運動）時期，才會討論如何爭取權利，如何推動建國。當然政治運動要有遠大視野，要有終極目標。但是政治運動也應有階段主張與訴求，要有具體方法。前者屬於「目標論」，後者屬於「方法論」。長遠目標，必須明確，近程目標，必須具體可行。有目標無方法，不易達成。無目標，無從定方法。

　　「目標論」與「方法論」問題，是台灣民主運動中最常見的爭議。重視「目標論」者，批評重視「方法論」者，說他們目光短小，不知大局。重視「方法論」批評重視「目標論」者，說他們大言高論，不知目標只是方向，政治目標，要提方法，不能止於空談。

　　政治運動要評估主客觀條件，在大目標之下，設定具體方案，有效執行，逐步邁向大目標。

　　「民主進步黨」成立之始，大家都有各種經驗，了解如何設定遠大理想目標，如何訂定具體有效方法。

　　台灣政治運動的演進過程，每一個時段有其不同的訴求重點。大略來說，1977年「中壢事件」發生前，大致屬「反對運動」時期（「人權運動」時期）。在此時期，台灣政治運動，尤其是選舉運動，多以批判「中國國民黨」，及「中國國民黨政府」為主軸。「中壢事件」以後，由於政治環境的變化，各項選舉出現大量候選人參選。以前不屑參加地方選舉的智識份子，也紛紛參選。這時期的政治運動可以稱之為「參政運動」時期（「民權運動」時期），要到「民主進步黨」成立，推動住民自決主張時，台灣的政治運動才進入「建國運動」時期（「主權運動」時期）。

■姚嘉文藉演講機會，宣揚台灣
共和國理念。攝影 / 邱萬興

在不同政治運動時期，應有不同的主張與口號。

在台灣進入「建國運動」時期以前，已有各種關於民權運動主權運動的理論與主張存在，只是時機還未成熟，還不是階段的運動主流。

台灣人民處於「反對運動」時期，對外國人提到台灣人民的人權苦狀，是很自然的事。只是外國人不會很感興趣。到了「建國運動」時期（「主權運動」時期），仍然只談人權，就會有被認為落伍的感覺。所以，在我參與「民主進步黨」中央黨部黨務運作時，不論是擔任黨主席時，或其他職務，都會時時注意兼顧「目標論」與「方法論」。

「民主進步黨」成立後，許多海外同鄉希望加入，黨中央拒絕接受，受到很多同鄉的批評。「民主進步黨」是個民主政黨，各種黨職人員，都由選舉產生，國內黨員必須參加各種街頭運動，又有不同的政治風險，所以入黨人數有限。到我當黨主席時，黨員人數只有8000人，如果開放海外黨員，人數大增，可能有由海外領導島內的現象。實際上，黨幹部分布各國，黨務必無法運作。

有一次，我到美國各地演說，我告訴海外同鄉，「民主進步黨」是設計做為在台灣國內運作的組織，海內外台灣人在台灣民主運動的角色與任務，本有不同。海外本組有「民主進步黨後援會」，與各種組織，繼續運作就好。十幾年後，「民主進步黨」組織成長，終於有限度的接受海外黨員。

■ 1989 年，姚嘉文與盧修一（左一）訪問美國，巡迴演講「臺灣前途」。

■ 1988 年 9 月，姚嘉文與尤清、謝長廷、周平德、周清玉等人到義大利，參加國際自由聯盟年會。

（二）黨務改革建議

2000 年陳水扁當選總統，強力推動「民主進步黨」修改黨章，規定黨員擔任總統時，當然擔任黨主席，並規定多位政府高級官員當然擔任黨的中常委，中執委或黨代表。黨已經成為政府機關的附屬組織。黨內的參政運動者完全控制黨機器，改革運動者逐漸被排出黨的領導階層。「民主進步黨」逐漸演化為選舉機器。

進入 21 世紀，黨中央會議每次討論的議題，都集中選舉提名事項，未見討論政治改革問題。2016 年，「民主進步黨」再度執政，並取得國會多數後，推動多項改革時，街上不斷出現反對抗爭活動，但未見「民主進步黨」黨部採取任何相對的群眾活動，來反制保守力量，來支持改革。

陳水扁推動總統當然擔任主席時，我公開表示反對。但「民主進步黨」已被參政運動者所控制，反對的聲音無法阻止黨部的決定。黨內也很少人在思考這種改變可能造成的後果。

從來只有獨裁國家「以黨領政」的政府，才由黨領袖兩兼政府領袖。民主國家內閣制的總理雖然也擔任政黨領袖，但那種政黨性質與從事全民政治運動的政黨不同。「民主進步黨」既然以做一個在台灣推動政治改革的政治組織，這種建黨定位的政黨，不應只是爭取執政，爭取職位為已足，要相信只有繼續推動政治改革，才有可能取得台灣人民的支持。

總統當然兼任黨主席的規定已無法阻止。陳水扁總統接任黨主席後，任命公職人員擔任各部會主任，完全排除改革者領導黨務，黨部結構與黨務運作有很大的變化。我一直保持對黨的關心。2002 年陳水扁總統決定提名我出任考試院長。依規定考試院長必須保持行政中

立，不能參與黨部運作，但基於對「民主進步黨」黨務的關心，我在
2002 年 5 月 20 日寫了一封公開信「民主進步黨黨務改革建議案」，
給陳水扁主席，表達我對黨務推動的期望。公開信內容如下：

「民主進步黨」自戒嚴時期創建以來，對照中國國民黨的
威權黨國體制，長期代表著推動台灣政治，社會改革的引導者。
經過十餘年的努力，一點一滴地擴大社會支持基礎。如今，終
於獲得了執政的機會。然而，無可諱言地，黨在執政後，路線
定位模糊，功能、角色都出現弱化的現象，黨部本身組織與業
務推動也出現「空洞化」危機，而執政的政府也因此浮現黨部
／國會黨團／行政系統間的決策整合困境，以及基層發展缺乏
能量的危機。假使情況不能改變，黨的社會基礎益形萎縮，勢
必反噬到兩年後的總統大選，造成無法彌補的影響。

如今，如何一方面展現執政品質，另一方面黨還能維繫黨
魂，作為護衛執政成果的側翼，以求得黨務理想與推動政務現
實間的平衡，確是很艱難的任務。

黨的現狀假使需要改變，則應該怎麼變呢？黨有黨的使命
與願景，政府有政策擬定與執行的步驟規劃，彼此存在的是如
何進行「分工」，「合作」的問題，而非藉由「黨」「政」合
一抑或分離所產生的職務變動而已。

但在「分工、合作」之前，黨務部門必須思考，黨的組織、
角色、定位與功能要怎麼展現？而不是馬上就想到如何「分享」
決策權。

■第二任黨主席姚嘉文（左）從創黨主席江鵬堅（右）手中接下印信，一起帶領民進黨
　走過草創階段的艱辛與困苦。（圖中為中評委召集人蔡式淵）攝影／邱萬興

■ 1988 年姚嘉文擔任民進黨第二任黨主席與中央黨部幹部召開年度記者會。
　攝影／邱萬興

　　黨該做什麼？譬如說，政府部門、國會部門不能也無力代訓黨員，黨的公職人員與黨職幹部及黨部的關係的水平聯繫也需要黨中央出面協調。另外，配合政府再造，中央黨部也應該到了檢討是否「瘦身」的階段了。特別是部分地方黨部出現癱瘓、弊端，相當需要中央黨部確實下去關心。凡此種種，都是黨部本身立即可行的工作。

　　推動黨政改造的十項重點工作：

　　民進黨執政，是黨史上的首例，當然，衍生的問題也是前所未有。因此，從觀察本黨過去十餘年的發展，再對照近年來出現的黨務發展盲點，我們歸納出應立即推動的黨務的工作大約有十項。茲分述如下：

一、設立黨史委員會

　　民進黨創黨 16 年，歷經了許多的人、事、物，留下了多少台灣民主發展的血淚軌跡，這些都是相當珍貴的一段歷史。尤其中央黨部草創的建國北路黨址，據說連所有權狀也丟了，豈不是一樁遺憾？

　　因此，由中央組成「黨史委員會」，針對民進黨發展史進行有計畫性規劃，同時研議成立黨史館可行性。此舉可使外界除對民進黨擁有「前進」、「速度快」的印象外，也能讓社會大眾有機會重新了解，民進黨是怎麼從血泊中匍伏前進、創造歷史的。

二、黨務高層主管拜訪二級黨部與進行黨員座談

本黨執政後，出現黨員與執政團隊的疏離感，黨基層充斥著不滿與無力的聲音。因此，黨務高層主管有必要藉改組之後的機會，確實親赴各二級黨部進行拜會與了解，並與當地基層黨員進行面對面座談，避免這股不滿積鬱情緒危及未來大選。

三、強化從政同志與黨之關係

以地方為例，黨公職與黨部關係鬆散，顯示地方黨部橫向關係並不順暢。因此對於如何加強從政同志與黨的關係，整合兩者戰力，也是中央黨部必須立即加以研商的。

四、檢討提名制度

目前以民調占七成作為依據的辦法是否修正，黨中央應該提出分析報告；另外，對於初選買票、人頭黨員等這種侵蝕執政根基與品質的歪風，中央亦應儘速擬定辦法遏止。

五、全面展開黨幹部訓練

我們期待凱達格蘭學校的成立，為本黨培育更多政務人才；特別是隸屬於黨中央的「台灣民主學院」機制應重新啟動，透過與凱達格蘭學校的分工，合作為本黨培育更多的黨務發展與政務人才。

至於黨幹部訓練的階層可分為五層，包括：

1. 新任之地方黨部評委與執委。學習訓練黨務運作方式與相關規程。參加宜採強制方式。

2. 新任之黨代表。黨代表大會通常一年僅一次會，而兩年改選一次黨代表又沒有訓練的結果，往往黨代表卸任時都不知道本黨基本的會議規範與運作方式，無法有效提昇議事品質與素質。因此黨中央有必要對新任代表就議事規則與運作進行訓練。參加可採自由報名方式。

3. 二級黨部執行長。縣市黨部執行長位居本黨各地發展的樞紐位置，因此必須由黨中央加以訓練確保素質。

　　目前有意以中央指派執行長方式提升二級黨部素質，不過對於地方可能出現的反彈，我們建議由中央指派，地方同意方式處理。地方同意派任人選則中央可代支薪資。反之，地方自覓人選，中央則不支薪。

4. 中央黨部黨工。

■姚嘉文擔任台灣民主學院召集人，主辦「跨世紀新生代政治領袖營」。

5. 中央黨部主管。

目前黨部訓練最大的問題，在於各部門均自行舉辦訓練課程。此舉不但造成資源浪費，訓練品質亦令人不表樂觀。因此由中央統籌辦理，除了資源可有效利用外，品質亦較能控制。不過，地方黨部若有意願舉辦黨員訓練，黨中央亦應持鼓勵態度，編列預算委託代訓。

六、黨部一級主管仍應專任，但主管之上可設兼任督導。

由於未來由立委兼任黨務一級主管的可能性相當高，但勢必形成秘書長難以掌控的狀況，而兼任主管有權無責，甚至於連會議都不參加而委由副主任代理，將使提昇一級單位位階的美意適得其反。

因此，既要提升一級單位位階，又擔心立委無法與黨部完全配合，因此我們建議一級單位主管仍應專任，但可採用創黨之初前例，於上設置兼任督導為對外之代表。

七、配合政府再造展開中央黨部「瘦身」。

由於中央黨部人事日益龐雜，若不即時進行瘦身，未來所出現的退休撫卹問題將會非常嚴重，甚至於影響到黨的發展。

八、志工訓練（偏重選務）與地方黨部之草根訓練（偏重黨務）。

九、黨、政關係之釐清。

所謂黨政關係具體是指黨務、政務與國會的關係。目前，

■ 1988 年姚嘉文擔任民進黨黨主席時，在演講會後抱著募款箱為民進黨募款。
攝影 / 邱萬興

■民進黨第三次全國黨代表大會，右起創黨主席江鵬堅、第四任黨主席許信良、第三任
黨主席黃信介、第二任黨主席姚嘉文合影。攝影 / 邱萬興

最大的危機在於行政系統與國會黨團的協調出現問題。在目前的憲政架構下，唯一的解決方式，應著重在雙方就政務的制定與推動強化溝通，具體做法不僅應該維持現有行政立法協商會報，行政系統參與的層級也應該提高至府秘書長與閣揆的層級。

黨務本身如前述多點有其獨特性，不能與政務、國會一併思考，否則將無法使獨立成塊的黨務運作有效展開。

要有效強化黨務，前提是確定黨政之間具有不同的定位與目標。否則，硬要相互從屬，政務、黨務，理想、現實之間，將會一再出現彼此扞格或委屈配合的遺憾。改革也無法竟於全功。

十、重新定位中央政策會。

因應執政時期的任務變動，黨中央政策會應視之為行政領導，在政策會上負有溝通、監督、指導的責任，而停辦已久的「民主學院」，則可轉型為智庫性質，為黨的主張與發展提供理論基礎。

小結

黨務要能發展，健全的組織是必要基礎。目前，我們可以將黨務組織分成兩大類，包括政務組織（如中國事務部、青年部、婦女部、國際事務部等），其他的黨務組織（各分支黨部），以及政策會、民主學院。

黨務組織改造的首要是必須強調專業化。因此，一級主管必須專職且熟稔黨務，所以，由立委兼任黨務主管實在應再加

思考。此外，為了提昇地方黨部與黨員的整體素質，對於停設三級黨部的改造方向，我們認為是相當正確的做法，不過訓練的工作則勢必要加強。

上述提出了十點中央黨部於短期內立即可行的建議之外，長期而延續性的目標中，黨的功能角色可加以發揮的，還包括：

1. 重大政策理想主張。諸如：憲改運動如何配合總統提出國會改革與政府改造進行配套和進程規劃；非核家園的主張如何落實；國家定位議題上，如何再重新界定台灣與中國關係，以及可能牽動的國際結盟關係。

2. 政黨外交。黨中央應該提出有別於正式外交管道，而藉由政黨外交工作的強化，增強國際上對台灣的同情與支持力量。

3. 黨員訓練。民進黨黨員多達 40 萬，訓練益形重要。民進黨標榜改革理想，更應透過訓練提昇黨員素質，作為社會改革的先鋒者。黨中央「民主學院」本就是很好進行訓練機制，可惜已停頓運作，功能完全沒有發輝。

4. 黨務組織. 包括黨中央與地方黨部的連繫溝通，各級黨部的功能檢討，以及如何吸引優秀人才入黨，都是維繫民進黨草根支持力量與組織擴大的重要關鍵。

5. 選舉機器（包括提名與輔選）。 提名制度的重新檢討，黨務組織系統間，針對垂直及水平輔選系統如何加強統合聯繫，都是奠定民進黨勝選基礎的重要工作。

■姚嘉文擔任民進黨第二任黨主席任內，義無反顧地投入聲援蔡許台獨案活動。
攝影 / 邱萬興

■ 1987 年 10 月 19 日，台灣基督長老教會組成「人人有主張台灣獨立自由」牧師團，
聲援蔡有全、許曹德台獨案。攝影 / 邱萬興

　　總的來說，黨務改造箭在弦上，目的也是為了解決民進黨執政後出現的困局。其核心的意義在於維繫創黨理想，並能建立符合執政需求的新綱領，在政治重組中結合更廣大的本土草根力量，爭取延續執政的機會。

　　「民主進步黨黨務改革建議案」公開信發表後，不但陳水扁主席未有反應，黨重要領導人亦不表興趣。原來，黨已完全成為參政團體，由參政運動者所主導。某些黨部主管熱衷參政，黨部黨職只是參政的過程。當提名制度揚棄黨員投票，專用民調後， 黨機器的功能更顯微弱。

二、主權主張

（一）擔任黨主席

　　1987年8月30日「台灣政治受難者聯誼總會」成立，召開大會，蔡有全主持會議，處理許曹德所提「台灣應該獨立」列入組織章程提案，決議通過，觸怒「中國國民黨」當局。蔡有全與許曹德被拘捕入獄，以「叛亂罪」判處重刑。

　　台灣獨派人士舉辦各種活動進行聲援。台灣政治氣氛變得低沉嚴謹。黨員代表江蓋世等人提案將「台灣人民有主張台灣獨立的自由」文字列入黨綱。當時我擔任中常委，黨主席江鵬堅頗為困擾，擔憂「中國國民黨」保守派的壓制和打擊。江鵬堅認為通過提案，會影響「民主進步黨」的生存與發展，如果不通過，海內外的獨派人士會失望，對「民主進步黨」的生存與發展也是不利。我們認真討論這問題。

■姚嘉文擔任民進黨「憲政工作小組」召集人，負責新憲法草案擬定。攝影／邱萬興

■ 1989 年 5 月 19 日，鄭南榕出殯當天，遭到憲警鎮暴部隊阻擋，群眾於總統府前靜坐
　抗議。左起姚嘉文與、長老教會高俊明牧師、江鵬堅商討對策。攝影／邱萬興

　　我一向認為「台灣獨立」這個用詞，含意不明。究竟「台灣獨立」一詞，是指台灣要維持獨立現狀，或是指台灣本屬於他國，要與之分離。換言之，「台灣獨立」究竟是指拒絕統一，或指脫離宗主國。美國很多同鄉，因受美國脫離英國，進行獨立戰爭歷史的影響，常有「獨立即分離」的想法，我時常要不斷解說辯論。如今有此提案，正好藉機辯明。

　　我認為「台獨問題」不是短時間可以說清楚，所以我建議先用一個替代案解決目前的問題。我建議黨代表大會通過決議，表示台灣社會，人民既然可以主張所謂統一，當然同樣也「有主張台灣獨立的自由」。

　　這樣提案不列入黨綱，而暫以決議案處理。大會接受我的意見。有關「台獨問題」黨再研究處理。這個決議滿足獨派的要求，並有聲援入獄的蔡有全、許曹德的用意。

　　不久，我接任黨主席，繼續處理這個問題。有一次，我去參加聲援蔡許的遊行，統派媒體咄咄逼人問我是不是代表「民主進步黨」主張台灣應該獨立？這些都讓我注意到台灣統派對「台灣獨立」思想的敏感，也感受到釐清「台灣獨立」觀念的重要性及急迫性。

　　我們又不斷在研究如何處理「台灣獨立」的觀念。我向黨提出一個觀念，在討論「台灣獨立」有關問題之前，我們應該要更精確定義台灣的現狀以及獨立的定義。

　　台灣人主張獨立，跟當年北美洲 13 州要脫離英國的情形不同，也跟現在加拿大的魁北克主張脫離加拿大不同。台灣的「獨立」僅是拒絕被中國併吞，或反對「中國國民黨」呼喊的「統一」口號，及反對台灣及中國同屬一國的主張。如今台灣內部主張獨立，內容應闡述

■姚嘉文擔任民進黨第二任黨主席，在全國黨代表大會上演講台灣主權獨立問題，說明台灣不屬於任何一國，或是某一國家的一部分。攝影 / 邱萬興

■ 1988 年 4 月 17 日，主持民進黨全國代表大會上通過「台灣主權獨立案」（「四一七」高雄決議案）驚動北京。攝影 / 邱萬興

明白清楚。我不斷和江鵬堅及新潮流年輕幹部,以及很多朋友討論。我認為要解決這個問題,應該先討論台灣的現狀是什麼。

在哲學上有兩個詞,一個是「是然(it is)」,一個是「應然(it ought to be)」。「是然」確定事物的現狀,「應然」研訂未來去向。德文是「zu sein」及「zu sollen」。處理問題,層次上應該先確認「是然」,再討論「應然」。

如此,所謂「台灣獨立」是指台灣現在維持獨立,或是台灣應該分離獨立,就可以分得清楚。我用很多時間與精神到處去說明這種說法,告訴大家,我們應該先確定台灣主權現狀。如果台灣屬於他國,那麼,主張「獨立」,就是主張脫離他國。如果台灣主權獨立,不是任何國家的一部分,那麼,主張「獨立」,就是拒絕被併吞被統一。所以說要先定義清楚「是然」問題(現狀問題),才能接著討論「應然」問題(未來問題)。

「民主進步黨」建黨的時候,僅主張台灣前途由台灣人民決定,並沒有說台灣現在地位怎樣。我們知道,台灣現狀是主權獨立,不是「中華人民共和國」的一部分。很多人主張台灣應該獨立,本意是說台灣未來不要接受「中華人民共和國」的統治。

(二)主權決議案

經過不斷的討論說明,慢慢把觀念釐清,1988 年 4 月 17 日在高雄黨代表大會通過了「台灣主權決議案」(又稱 417 決議案),表明:

為穩定台灣人民信心,澄清台灣國際地位,本黨重申:台

灣國際主權獨立，不屬於以北京為首都之『中華人民共和國』。
任何臺灣國際地位的變更，必經台灣全體住民自決同意。

「417 決議案」通過前，國內外支持中國統一主張的人士不斷攻擊威脅。有一次一個自稱從北京來的香港女記者到中央黨部訪問。她警告我，如果黨通過這個決議案，北京會立即出兵攻打台灣。她說這個決議案是一個「自殺決議案」。我笑著回答她，中國怎麼可能會因為台灣一個小小政黨通過的議案出兵攻打？

另外一個困擾來自陳水扁。陳水扁一向支持黃信介和張俊宏，主張由他們來領導「民主進步黨」。黃信介等人出獄後，並未立即加入「民主進步黨」，而和黃煌雄等人舉辦「鑼聲若響」全台演說活動。後來改變立場入黨，但與黨中央保持距離。 我去拜訪黃信介，請他支持提案，他叫我去找陳水扁。陳水扁表示，他不反對提案， 只要求在文字上加上他的「四個如果」。

陳水扁的「四個如果」，指「如果國共片面和談；如果國民黨出賣台灣人的利益； 如果中共統一台灣；如果國民黨不實施真正的民主憲政，則本黨主張台灣應該宣布獨立」。我沒有立即答應。我說，黨部提案的理論基礎，是台灣已經是一個主權獨立的國家，你怎麼可以主張如果怎樣，台灣就宣布獨立？他很堅持，說如果我不接受他的意見，他就會在全國代表大會動員黃信介張俊宏等人表示反對，讓決議案無法通過。

我那時真的很緊張，「中國國民黨」雖然是李登輝擔任總統及黨主席，但對台獨運動仍百般打擊，如果陳水扁等人公開阻擋提案，統派媒體大事炒作，「民主進步黨」提案不通過，獨派不滿，黨必受傷。

　　我回來和邱義仁、吳乃仁等人討論，大家傾向接受，不願看到事情節外生枝，造成提案受挫。大家決定把他的「四個如果」文字放在說明部分，不放在主文部分。

　　黨代表大會開會時，有人不接受這樣安排。我擔任大會主席非常緊張。林濁水帶頭發言表示反對，他說「四個如果」的理論基礎與決議案理論不同。兩種格格不同的理論怎麼可以擺在一起。他指責我不應妥協，認為黨應堅持台灣本來就是獨立國家的立場，沒有「宣布獨立」的問題，他說他贊成通過決議案，但是不贊成加入陳水扁提的「四個如果」。

　　當年黨代表大會在高雄市國賓飯店舉行，討論決議案時會場暗潮洶湧，充滿詭異氣氛。我怕如果反對決議案的代表繼續發言，黨代表大會就無法順利通過決議案。這樣不只是我的挫敗，是台獨運動的挫敗，也是「民主進步黨」的挫敗。我很緊張，就請邱義仁去勸林濁水。

■ 1988 年 4 月 17 日，民進黨第二屆全國黨代表大會假高雄市國賓大飯店召開，姚嘉文主席提案，表示台灣國際主權獨立，不屬於以北京為首都之中華人民共和國，中常委陳水扁提出的修正「四個如果」加入提案說明文中。攝影 / 邱萬興

林濁水未再發言，決議案照案通過。

決議案通過後，我宣布休息，召開記者會，說明決議案的內容與意義。我對記者說，通過這個決議案波折很多，我主持會議時緊張得一身是汗，我對記者說，當「民主進步黨」的主席比坐牢還辛苦。這話成為當時流傳的一句話詞。

「417 決議案」通過後，當天晚上在高雄辦群眾大會演講。陳水扁演講時宣稱今天黨代表大會通過他的「四個如果」決議案，媒體照寫。陳水扁以後在他競選總統的宣傳自傳「台灣之子」，也把「417決議案」說成「陳水扁的四個如果決議案」，到現在都還有人這樣援用。陳水扁後來擔任總統時，依照他的理論，提出「四不一沒有」的承諾，說只要中共無意對台動武，他保證在任期之內，「不會宣布獨立」、「不會更改國號」、「不會推動兩國論入憲」、「不會推動改變現狀的統獨公投」、「也沒有廢除國統綱領與國統會的問題」。

「四不一沒有」的承諾，完全跟黨的立場不同，也和台獨的立場不同。他未與黨內人士討論，就這樣宣布。這個「承諾」受到各界質疑，也飽受獨派的圍剿。以後他提出「台灣中國，一邊一國」的說法，指責的聲音才慢慢消除。

「民主進步黨」中央黨部的國際事務部主任盧修一博士，很支持這個決議案。他找各方面的朋友，將決議案翻譯成英日德法西各國語言，向世界各國際宣傳，強調台灣的主權獨立，不屬於「中華人民共和國」。

台灣主權獨立的理論澄清以後，「民主進步黨」的基本立場及中國政策更為明白清楚。而且，主權獨立的觀念，有更多人了解支持。新成立的「台灣教授協會」也以支持「台灣主權獨立」列為創會宗旨。

■ 1988 年 11 月，民進黨第二任黨主席姚嘉文與第三任黨主席黃信介交接典禮，由費希
　平立委監交。攝影 / 邱萬興

■ 1988 年 10 月 29 日，黃信介與第二任主席姚嘉文參加台中市大遊行活動。
　攝影 / 邱萬興

（三）憲法草案

兩年後，黃信介擔任黨主席的時候，1990 年 10 月 2 日，「民主進步黨」在桃園召開全國代表大會，黨部提案「我國事實主權不及於中國大陸及外蒙古，我國未來憲政體制，及內政外交政策，應建立在事實主權之上」，來確定台灣和中國的分別領土關係。

當時郝柏村擔任行政院長，這個案提出後，就傳說行政院要全力阻擋。郝柏村一向主張他的「中華民國」領土，包括中國大陸與外蒙古。他認為這個「國土範圍案」就是台獨。台獨主張就要封殺。

當時周清玉擔任彰化縣長。台南縣一位「中國國民黨」籍洪姓立委專程來告訴她，說郝柏村表示「民主進步黨」這個提案就是台獨，決議文如果通過，要抓提案草擬人姚嘉文。周清玉前一夜特地趕到桃園來告訴我這事。問我，這個提案很重要嗎？我說很重要。周清玉瞭解之後沒有阻止我。第二天全國代表大會順利通過這個案。

為了因應這些「中華民國」統派人士的恐嚇，決議文還加了兩段話：

本黨為落實本案，特責成本黨國大黨團與立委黨團，依職權促其實現。並通令各級黨部全力宣導，達成全民共識。

面對國民黨威脅恐嚇，本黨同志已有充分準備，各級黨部與全體同志，應全力以赴，以便必要時與國民黨作最後決戰。

我國「領土範圍案」通過之後，台灣和中國的關係更為明確。既然我國領土不包括中國大陸，國會那些大陸省分代表就沒有存在的基礎。憲法以及學校教育都要做相應的改革。黨部就開始討論台灣的新憲法，由黃煌雄主導的憲法改革。

■姚嘉文參加 1988 年在台灣本土舉行的第一次世界台灣同鄉會（簡稱世台會），歡迎來自海外鄉親回台。攝影 / 邱萬興

「民主進步黨」憲法改革，先通過「民主大憲章」，接著召開人民制憲會議， 通過「台灣憲法草案」，定國名為「台灣共和國」，領土為現有領土，採用總統制，三權憲法。「民主進步黨」對台灣國家未來的規畫指出明確的方向。

台灣的政治慢慢開放。 我還當黨主席的時候，海外「世界台灣同鄉會」首次來台灣召開，本是黑名單的「台灣獨立建國聯盟」不久也遷回台灣。台灣的政治環境大幅度在轉變。

（四）台獨主張

我做了一屆黨主席，其間黃信介，張俊宏等人出獄入黨。原來黨章規定黨主席一屆一年，不得連任，修改為一屆兩年，可連任一次。本來大家要共推黃信介接任。事後黃信介告訴我，李登輝總統怕「民主進步黨」走向台獨政黨，所以要他出來領導，不要去推動台獨運動。有一次，黃信介公開表示，若他擔任黨主席，要禁止黨員主張台獨。黨員有主張台獨者，將予開除黨籍。

他的說法引起許多黨員緊張，江鵬堅與新潮流的幾位黨幹部，就建議我競選連任，以資對抗。這是一件令我很後悔的決定。「中國國民黨」動員媒體及其他力量全力打擊我。本來與我關係密切的林正杰，受「中國國民黨」的授意，撰寫公開信攻擊我，在台灣各報同步刊載。幾個報紙還刊載不實謠言毀謗，使我受到很大的傷害，黨內主張台獨的同志奮力對抗，但多數本來支持我的黨代表紛紛離去。最後黃信介當選。

黃信介事後安慰我，因「中國國民黨」要阻止「民主進步黨」推動台灣獨立，所以要這樣做。李登輝為了因應黨內統派勢力，才資助

■ 1988 年 8 月，姚嘉文參加聲援海外台灣人返鄉運動，葉明霞（左一）、張丁蘭（右一）紀念為返鄉而死的女英雄—陳翠玉。攝影 / 邱萬興

■ 1988 年 8 月 21 日，姚嘉文參加「台灣人有權回自己的家」大遊行。攝影 / 邱萬興

他出來爭取黨的領導權，他要配合李登輝的立場，才那樣說。他說他公開說，「台獨可以做，不可以講」，是表示他不會阻止黨員推動台獨運動，他要我留在黨部一起工作。他保證不會阻止台灣獨立運動。不久，李登輝的政權逐漸穩定，台獨聲勢也漸漸高昇。黃信介接任黨主席之後，並未干涉台獨活動。在他領導之下，黨推動了「我國領土範圍案」，「台灣共和國憲法草案」。這些動作，比我領導黨時，更加台獨。

三、國會總統

（一）國會全面改選

　　1987 年我擔任黨主席時，「民主進步黨」繼續「美麗島運動」時的主張，推動國會全面改選。當年 12 月 25 日，國民大會在台北市中山堂舉行行憲紀念日，蔣經國總統照例會去發表演講。周清玉當時是國大代表，「民主進步黨」有 11 位國大代表， 她擔任黨團召集人。黨部規劃進行抗爭活動，宣揚國會全面改選的主張。國大代表身藏「全面改選」小布條在會場展示，在蔣經國面前喊「全面改選」的口號。在外面，黨部動員全國三萬人群眾包圍中山堂。這是當時台灣有史以來最大規模的群眾運動。

　　蔣經國去世，李登輝接任後，「國會全面改選」運動繼續推動。「中國國民黨」在李登輝領導下，也在規劃國會改造。「民主進步黨」主張全面改選，要求終身老國大老立委無條件離職。「中國國民黨」則規劃給予相當數目的退職金。兩黨意見分歧，一時無法合作。

　　有一天我的學生姚立明博士來找我，他當時在「中國國民黨」中

■ 1987 年 12 月 25 日民進黨國
代周清玉與吳哲朗手舉「老表
滾蛋」、「全面改選」標語高
喊給國會老賊看，讓他們知道
台灣人民要求國會全面改選的
心聲。攝影 / 邱萬興

■國民黨把西門町一帶，動用上萬軍警包圍的滴水不漏，保護中山堂內的萬年老賊。
攝影 / 邱萬興

■姚嘉文在擔任民進黨第
　二任主席任內，帶領
　民進黨全力推動「國
　會全面改選」運動，
　並推動一波一波群眾
　運動，漸漸壯大民進
　黨聲勢。攝影／邱萬興

央黨部參加憲法改造工作。他轉達李登輝主席的意見。「中國國民黨」計畫發給老立委老國大每人新台幣五百三十多萬元退職金，鼓勵他們自動離職。這提案送到立法院時，希望「民主進步黨」不要杯葛。

姚立明說，李登輝主席認為現在政府財政能力健全，一千位左右老立委老國大的退職金，新台幣五十幾億元尚可負擔。給予退職金，很快可以解決國會改造問題，避免抗爭，可以省掉很多社會成本。

我就將李登輝這個意思跟黨內幹部討論。由於「民主進步黨」一向主張這些老立委老國大應該無條件離職，現在突然要改口接受有條件離職，在立場上有問題。不過，大家也覺得能早一日達成「國會全面改選」的目標，讓步一下也可以，所以之後在立法院就表達不支持但也不反對的立場， 使「第一屆資深中央民意代表自願退職條例」順利通過，於 1989 年 2 月實施。

（二）總統直選

國會決定全面改選之後，社會的議題走向「總統直選」。總統直選」的議題，即是主張總統不由國民大會選舉，並且主張廢除國民大會。國民大會的廢除已勢在必行，如今要討論的是總統選舉的制度。

1990 年，為了討論總統直選的制度，李登輝總統召開國是會議。國是會議雖也討論兩岸議題，但主要討論總統選舉制度。當時的保守派包括郝柏村、趙少康、馬英九主張中華民國總統代表全中國，不能只有台灣人來選，應該由全體中國人來選，而所謂中國大陸的同胞的投票就由在台的外省人代表行使，因而主張所謂委任間接選舉制度，這也是以前所謂「大陸代表制」的觀念。

■ 1992 年 4 月 19，姚嘉文擔
任總統直選大遊行決策小組，
呼籲民眾一起來推動「總統
直接民選」。攝影 / 邱萬興

在台灣的一部分的所謂外省人，常為維護少數人的利益，主張他們代表大陸各省人民行使政治權利。 有一次，在一場座談會中，談到台灣政治力的分配問題時，在場的趙少康即主張「外省人」比「本省人」多，故「外省人」應比「本省人」享有更多的政治權力。因為我們的國家是「中華民國」，而「中華民國」的領土包括中國大陸各省及蒙古新疆西藏。他們的「外省人」有十二億多，比台灣的「本省人」多很多。這些「外省人」的政治權力即應由在台灣的「外省人」代表行使，要享有比台灣的「本省人」更多的權力。

1979 年中，當「國會全面改選」推動的如火如荼時，康寧祥來找我，要我接受蔣經國的「大陸代表制」的「國會改造案」。他說蔣經國同意現行的國會制度確實要改造。以立法院為例，如果立法委員定位300名，應由老立委互選100名留任，自由地區人民選出100名，另由總統遴選在台灣的「外省人」100名，代表大陸各省人民。我極力反對這種「大陸代表制」的主張。現在在談總統選舉，又有人提出這種主張。

李登輝總統並不支持這種主張。他要用國是會議來討論這個問題。

「民主進步黨」受邀推選代表參加國是會議。呂秀蓮雖尚未入黨，也要求擔任代表參加，本已被選代表出席的吳乃仁願意退讓，使呂秀蓮能出席。不過在開幕典禮李登輝致詞的時候，呂秀蓮突然起立離席，在場外對記者表示反對召開國是會議，她不願留在會場開會。讓我們大吃一驚。

會場內代表大多數贊成總統直選，但為尊重其他意見，就開放討論。反對總統直選的代表不斷發言。提倡「大陸代表制」的主張，無

■ 1990年李登輝總統召開「國是會議」，
姚嘉文與黃信介參加會議，在會中堅
決主張總統直選。攝影／周嘉華

■姚嘉文參加民進黨主辦的總統
直選遊行活動。攝影／邱萬興

法被接受，又提海外三千萬僑胞的投票權問題。最後歸納兩案，一個案是「中華民國總統由自由地區公民選舉」，另一個案是「中華民國總統由國民選舉」。「公民」就是指在台灣有納稅有戶口的人，「人民」則主張包括所謂海外三千萬的華僑。「人民」案主張雖然不切實際，不合理，但既然有人主張，就要辯論。

主持會議的蔣彥士裁示，主張「公民」選舉的與主張「人民」選舉的，各推代表輪流發言。

在輪流發言辯論的時候，我坐到高雄市長王玉雲後面。王玉雲邀我去外面聊天，我說要聽演講，等一下我也要發言。王玉雲說沒有什麼好聽的，只要是台灣人本地人都會主張台灣的「公民」才有投票權，那些主張「中華民國人民」有投票權的，根本不懷好意。我問他主張哪一案，他說他當然主張「公民」案。我就說我的時間讓給您去講，他則回說不想發言。

最後表決結果，「公民」案取得多數贊成。以後，修改憲法，制定總統副總統選舉辦法，1996 年實施總統直選。雖然中國以兩顆飛彈威脅，台灣的總統直選還是照常舉行。

（三）台灣中國

國是會議另一個議題是「兩岸關係」。預備會議分組討論，我分到和總統府副秘書長邱進益共同主持一組。這組約有四十人，邱進益一開始就拿紙分發作民意調查。我一看調查問卷寫些：「你主張台灣前途應該獨立，統一或是維持現狀」三選一。我表示反對，講這種調查問卷寫法不對，什麼是「獨立」？什麼是「統一」？什麼是「維

持現狀」？定義都不清楚。如「維持現狀」究竟是指台灣拒絕中國統治，還是有其它的定義？「維持現狀」，你是指甚麼現狀？都沒有明確定義。

邱進益很客氣地說。那你認為問卷該怎麼問。我說問卷題目應該問「你願不願意接受中華人民共和國的統治」，「願意」或「不願意」。二選一。邱進益同意更新問卷，發下收回統計，沒有人勾選「願意」，都不接受「中華人民共和國」統治。調查結果列入會議紀錄。

（四）彭明敏

1996 年一月，我還在擔任立法委員，立法院討論「總統副總統選舉罷免法」，希望在會期結束前，通過立法，使三月中間，能辦理總統選舉。討論法案時，林濁水委員堅持要規定辦理候選人電視辯論，「中國國民黨」堅決反對，討論程序拖延難決。反對總統直選的，如「新黨」委員，也找很多理由來阻擋這個法案，希望立法不過，選舉無法辦理。林濁水委員認真杯葛程序，黃煌雄委員就站起來講，總統直選，憲法已制定，三月馬上要辦理選舉，如果這個會期沒有通過這個總統選舉罷免法，法源依據不全，選舉怎麼舉辦？如果今年不能舉行選舉，誰要負責任？國民大會已廢除了，總統直選不能辦，最後誰要負責任？人家在阻止總統直接選舉，「民主進步黨」也跟著阻止杯葛，是什麼意思？最後林濁水不再發言反對，就在「民主進步黨」和「中國國民黨」主流委員合作之下通過「總統副總統選舉罷免法」。

1996 年「民主進步黨」推舉彭明敏教授代表參選總統。彭明敏教授本來不是黨員，而「民主進步黨」提名條例規定，黨員要入黨一年後才能被提名參選。為此，黨主席施明德認真說服黨內創立特例，

修改規定，如由黨主席推薦入黨者不受此限制。如此安排，因彭明敏教授是大家尊崇的前輩，當時黨內無人表示反對。彭明敏教授入黨成為黨員被提名參選，選後不久即退黨，所修改的規定，也被修回。事後多年有人提出質疑，想了解幕後運作的經過，又質疑為何李登輝總統一直尊崇施明德。

很多年以後，有一次我和周清玉拜訪李登輝總統。李登輝總統說他要請施明德吃飯，會邀請台灣三十個左右的政治領袖作陪，表示尊崇。周清玉很驚訝的問李登輝總統，為何要這樣安排請施明德吃飯？他說施明德是你們的領袖，他很偉大有號召力。他在舉辦紅衫軍活動時，能動員幾十萬人參加，還能募到那麼多錢，很了不起。

我們知道李總統不了解實情，又不好講明，便問李總統為何想到要這樣請施明德。他說是施明德的朋友請他安排的。以後有人說明是楊憲宏去向李總統要求安排的。其中內情我們並不很了解。

我當時就跟李說：「李總統，您要請施明德吃飯，很多人可能不願意去陪。」我們沒有說，我們夫妻是不是不便去陪。李登輝總統很驚訝，之後這個飯局計畫沒有實行。

「總統副總統選舉罷免法」規定選舉補助金（依照得票數，每票30元），由提名政黨領收，與立委等由候選人個人領收不同。1996年選舉後，彭明敏競選總部要求比照立法委員規定，將黨部所領補助金發給候選人。當時我擔任中常委，黨內許多人不同意，因黨部已因期待有該項收入，全額編列預算作為助選經費，不應再列支。中常會開會時，施明德帶同陳定南，謝長廷，葉菊蘭等人到會，強力要求通過。雖我發言反對，但無法阻止。以後各屆總統選舉補助金多循例發給總統候選人（不給副總統候選人），而以三分之一留給黨中央。其

■ 1999 年 12 月 10 日，歷史終究
　是美麗的，我們還是會歡喜的走
　下去，民進黨在高雄市體育場舉
　辦美麗島 20 週年大型紀念晚會。
　攝影／邱萬興

■ 2000 年總統大選，姚
　嘉文為陳水扁總統助
　選。攝影／邱萬興

他各政黨似亦如此。中央黨部因不再有此收入，也就只將所收金額編列預算補助競選總部。

（五）TAIWAN 台灣

2000年，「民主進步黨」贏得總統大選，民間團體繼續推動「正名制憲」活動，我擔任總統府資政，到海外各地宣揚「正名制憲」觀念。許多留學生及台僑，反映海外各處有中國人出現，台灣人持「中華民國（Republic Of China）」護照，常被誤認為中國人，有許多不便，要求儘早更改國名。

多年前，1973年，我從美國加州柏克萊大學研讀結束，不直接回來台灣，而個人去歐洲作一個月的自助旅行。到德國時，坐飛機到西柏林旅遊，要從西柏林進入東柏林。西柏林這邊的邊界女官員，拿了我的護照看了又看，說不知道世界上有「Republic Of China」這個國家。

她說，「我只看過 People's Republic Of China，沒有看過 Republic Of China 的護照，您們究竟是甚麼國家，您從那裡來的？您不是中國人嗎？」

我說我不是中國人，我是台灣人。我是從台灣來的。

「台灣？」

「台灣， 你們也叫 Formosa」

「台灣， Formosa 那為甚麼護照寫 Republic Of China ？這 Republic Of China 和 People's Republic Of China 有甚麼不同？」

「不同。是兩個國家。」

那女官員一臉不解。又問：

「兩個國家？這兩個國家有甚麼不一樣？」

我笑著說：

「這兩個國家不一樣，他們有 People（人民），我們沒有 People（人民）。」

她更不了解了，我指著護照上的國名，說：

「兩個國家名稱不一樣，我們護照名稱沒有 People（人民）這個字。」

她嘆了一口氣，放行讓我過去。

常常遇到這種情形。

很久以後，我的一個學生，從美國經英國倫敦機場。轉機到非洲肯亞開會，回程在肯亞機場，櫃台非洲小姐不讓她報到登機，說：

「你們中國人沒有英國簽證，不能過境倫敦機場。」

學生辯稱她不是中國人，而且來程都可以過境，為甚麼去程不能過境。櫃台非洲小姐指著護照說，這裡寫的有「China」。

學生很急，說她這班飛機沒坐上，趕不上倫敦飛美國班機，會趕不上學校上課。

最後，學生要求櫃台非洲小姐，說她願意負擔電話費，要她打電話到倫敦機場問。倫敦機場回答說如果是綠色護照不必簽證，紅色護照要簽證。學生才順利回到美國上課。

學生以後告訴我這件事，要求台灣政府趕快更正國名。

更正國名，涉及修改憲法或制訂新憲法，工程浩大。我主張先在護照外頁加注「TAIWAN」，以與中國護照有所區別。外交部及陳水扁總統，為避免遭受統派攻擊，遲遲不肯接受。民間推動正名運動的團體，四處宣導，並舉辦大遊行，費時兩年，外交部及陳水扁總統，才同意發行新版護照，加註「TAIWAN」。

四、教會聖經

（一）行才是信

我自小就研讀基督教聖經。

在我小時候生長的鄉村裡，有一位宗親長輩，是基督教長老教會會友。他常常在農閒時候，到田間放風箏。我喜歡陪他放風箏聽他談話。他在教會常常會聽到許多事。在1945年的夏天，他告訴我戰爭即將結束，日本人將要離開，唐山祖國政府會來接管。不久，又談到台北發生228事件，談到唐山祖國政府如何讓台灣人失望。在消息封閉，智識貧乏的鄉村，教會成為獲取外界資訊的管道。他又常常向我談到基督教聖經的理論。

有一次，有人在鄉下分發單本新約聖經《約翰福音》。我拿到一本，如獲至寶，細心研讀。這是我最早接觸完整的聖經文字。在以後生病到彰化基督教醫院看病，也常聽駐院牧師講道，漸漸地我對基督教聖經感到興趣。我雖一直沒有受洗入教，但對基督教，特別是長老教會的歷史、活動、主張，一直保持高度興趣。

■左起林文郎、施明德、張俊宏、姚嘉文、黃信介、許信良、黃天福、呂秀蓮等人，為
　了電視台拍攝美麗島紀念專輯，於 1999 年 11 月重回台北市仁愛路美麗島雜誌社前拍
　照。攝影 / 邱萬興

■ 2009 年美麗島 30 週年紀念活動，姚嘉文與民進黨主席蔡英文。攝影 / 邱萬興

　　「美麗島事件」發生，「台灣基督長老教會」給我們及家人很多的關心與照顧。出獄後有許多教會的牧師長老會友，不斷送來教會的關懷與鼓勵，讓我度過許多艱困的日子。

　　我在牢中收到各種版本的聖經。有中文版的，有台語白話文版，有英文版的。我在牢中常常抽空細讀。我又讀了諸如《耶穌傳》，《聖經的故事》的書。在讀羅馬帝國前後歷史，以至於世界歷史時，我都會思考基督教與世界文明發展的關係。

　　在「美麗島事件」審判時，作最後陳述，我甚至引用基督教聖徒彼得神父的傳說故事，說：「我已決定像彼得回到羅馬一樣，回到美麗島」的話。

　　我在恐怖的軍事法庭，能靜心的說出這些話，一方面是想用基督教的傳說故事，比喻當時「中國國民黨」的軍事統治，迫害民主運動，有如古代羅馬政府的迫害基督徒。一方面也在表示我受基督教精神及聖經的感召，願意為自己的理想與主張犧牲。

　　我出獄後，台灣神學院邀我去教書，講授「台灣歷史與政治」。以後，台南神學院也請我去授課。我離開神學院後，台南神學院學生舉辦一次「新神學新牧者」運動，請我去演講。我贊同學生的主張，認為牧師及教會神職人員應該走出教堂，關心社會問題。

　　「美麗島事件」發生前，有一次台灣各地牧師在彰化縣的田中教會集會。鄭兒玉牧師邀我去作專題演講，講題是「行才是信」。鄭兒玉牧師指導我引用聖經章節，鼓勵牧師們不要只留在教堂，應該積極參與社會活動。十幾年以後，看到神學院的學生推動「新神學新牧者」運動，我知道教會新一代領導者已有覺醒，教會一大批工作人員投入民主運動，成為一股很大的力量。

幾年後，全世界「台灣基督長老教會聯合會」年會在美國德州達拉斯市（Dallas City）舉行，邀我再去演講，仍然講「行才是信」這個題目。

聖經新約 < 雅各書 > 第二章第 17 節說：

信心若沒有行為，就是死的。

第 20 節也說：

沒有行為的信心是死的。

這些章節都在提醒我們，有信仰有信心，就要身體力行，不能空談信仰，坐而論道，不起而履行。但是，事情發展有些出乎意料。教會人員經過幾年熱烈的參與各種活動，教會傳出檢討的聲音。

由於教會人員在社會享有崇高的地位與聲望，所以教會牧師及神職人員，常常被邀擔任各種職務，如競選總部主委，總幹事，媒體公司的董事，政黨提名委員會委員等等。有些牧師認真賣力為某人助選，募款。有不少人事後發現被利用，感到失望，也影響到教會的聲譽。

所以，在達拉斯市的演說中，我肯定教會人員二十多年來的社會參與，但我要求教會人員在參與活動之前，對陌生的事項要深入了解，尤其對複雜的政治活動，要了解目標論，也要講究方法論。

（二）台灣翠青

1987 年，李登輝接任台灣總統。因李是基督教徒，常在台北市濟南教會參加禮拜，教會領導人及會友對他有很大的期待。不久，教

■ 1988 年姚嘉文、周清玉與李勝雄律師，在台北松山機場歡迎在綠島受難歸來的政治犯。攝影／邱萬興

■右起周清玉、姚嘉文、尤清、黃宗文參加 1988 年 12 月 10 日紀念世界人權日活動。攝影／邱萬興

會傳出一種理論，相信李登輝新總統會帶領台灣人走出苦難，因而不斷引用聖經《出埃及記》的故事，期望李登輝總統會像以色列人的領袖摩西，帶領族人脫離苦難，走過紅海，到達有奶與蜜的西奈半島一樣，帶台灣人脫離苦難。

我不同意這種說法。我相信台灣人要脫離苦難，在於全民努力制憲建國，不在寄望於某一人的領導。台灣的建國，在於全體住民就地建國，不能有離開故地他遷的觀念。特別是，我在「中國國民黨」軍方刊物上，看過一篇文章，說蔣介石帶一百多萬中國人，走出大陸中國，渡過台灣海峽，來到台灣寶島，有如摩西帶以色列人，渡過紅海，來到西奈半島一樣。我不同意這種說法，我也不同意將李登輝比做摩西，不同意將台灣寶島比做西奈半島。

當年西奈半島有人居住，聖經不多提及。今天台灣寶島有更多的人民居住，新到後來的人，帶著武器來統治來迫害，並沒有尊重在此居住著的人民，和摩西帶以色列人到西奈半島的情形並不一樣。

我不贊成這樣引用聖經《出埃及記》的故事比喻李登輝，常常與教會人士爭辯。我主張台灣人要脫離苦難，應引用《創世紀》，不應引用《出埃及記》。

《創世紀》第十章第一節至第五節說：

「大水以後，他們都生了兒子……這些人的後裔，將各國的地土，海島分開居住，各隨各的方言、宗族立國。」

我將這段聖經章節請人寫成匾額，掛在我在總統府的資政辦公室，及考試院長辦公室，展示給來訪的會友看。現在掛在「台灣國家聯盟」辦公室。

　　有一年，我到美國舊金山灣區拜訪，晚間在一位同鄉家中做家庭禮拜。會中有人提到李登輝與《出埃及記》的話題，我表示我的意見，引起爭論。在場的牧師提醒我所引的經節有「方言」兩字，應讀成台語「腔口」（腔調）。然後他建議大家去找台南神學院院長宋泉盛牧師排解。

　　宋牧師當時來美國，住在他的美國住處。同鄉連絡他們家，牧師娘接的電話。牧師娘以時間太晚，牧師身體欠安為由，婉拒拜訪。主持家庭禮拜的牧師出面講電話說明，講因姚嘉文明天一早就要回台灣，而爭論的題目，事關聖經的引用，及台灣的前途問題的宣導，需要宋牧師開破開示。牧師娘去問宋牧師，宋牧師同意接見大家。

　　我們趁夜幾部車開去宋牧師家，宋牧師聽我們的說明後，表示贊同我的意見。他說，摩西帶著以色列人進入西奈半島時，西奈半島上本有許多當地人居住，這些人以後與以色列人相處的情形，雖然聖經較少提及，但還是有人在研究。他不同意「中國國民黨」人引用「出埃及記」來美化戰敗的中國人入台統治，霸佔台灣政權的歷史。他不贊成台灣人引用「出埃及記」，來表現台灣人要脫離苦難的希望。

　　宋牧師又說，台灣人已經住在這個島上，不論這些住民背景如何，應該討論的是如何相處，如何維護台灣的主權，不要去引用「出埃及記」那種「移出某地」，「進入他地」的比喻。他又說，海外教會領袖已進行多年的「台灣住民自決運動」，也是主張島上全體住民不分族群，共同決定台灣的命運。這種主張甚合聖經「創世紀」的啟示。

　　以後，台灣國內政治的演進，長老教會內盛傳一時的「出埃及記」的說法，漸漸消失聲音，而接受《創世紀》的啟示，接受台灣就地「制憲建國」的觀念。

1993 年，台南神學院教授鄭兒玉牧師編寫台灣國歌「台灣翠青」，歌詞所提：「共和國，憲法的基礎；四族群，平等相協助。」也和「台灣制憲建國」的觀念相符合。

（三）台灣民政府

幾年來，有些心地善良但想法單純的教會人員，包括牧師、會友，以及總會、中會職員，常有被利用、被欺騙的情事，最嚴重的是有名的「台灣民政府」詐騙事件。

「台灣民政府」人員在海內外行騙多年，不少長老教會牧師長執會友，不但金錢被騙，而且動搖了教會主張「建立新而獨立的國家」的信念。

「台灣民政府」前後藉著幾個有博士學位，及幾位有社會地位或政治地位的人物加持，不斷宣稱依據甚麼「戰爭法」的規定，台灣主權屬於美國（有時主張屬於日本），不屬於台灣人民。又稱美國「台灣軍政府」指派林某等人組設「台灣民政府」，將會來接管台灣政府。

「台灣民政府」詐騙主軸，一是台灣將由美國接管。美國接管台灣以後，台灣不必怕中國侵略，台灣可保安全。二是美國接管台灣以後，重新派遣政府官員，繳錢支持參加「台灣民政府」的人，可以領取美國身份證，或出任新政府的官員。

「台灣民政府」大量出售其所發行的身分證、護照、汽車牌照，各處授予台灣各州州長，副州長官位。

因為「台灣民政府」宣稱台灣為美國領土，極力詆毀主張台灣主權獨立的理論，攻擊台獨建國人士。有統派背景的政府或官員，對此

San Francisco Peace Treaty
and Taiwan Sovereignty

舊金山和約

台灣的釋放令

■ 黃昭堂 博士 序
陳隆志 博士 序
姚嘉文 律師 文

■姚嘉文出版的「舊金山和約─台灣的釋放令」。

詐騙集團行為，故意放縱，社會各界受害很大。台灣基督長老教會很多牧師及信徒被騙，危及教會的發展。

一向支持台灣主權，堅持獨立建國的「台灣國家聯盟」，密切注意「台灣民政府」的詐騙活動。我與聯盟秘書長魏瑞明不斷向基督長老教會提出警告，到處去說服教徒切莫受騙。有一次，一位我尊敬的牧師娘，不接受我的勸說，還回嗆說：「你們搞台獨這麼多年，沒有甚麼結果，台灣變成美國領土，台灣人變成美國人，不用怕中國的侵略，有甚麼不好！」

這種反台獨的說法，是「台灣民政府」到處用來打擊台獨及吸收反對中國統治人士的理論。有一年，我在美國西雅圖市，與同鄉座談，我反對「台灣民政府」，一位同鄉大聲駁斥我，說：「我們在美國，做了這麼久的美國人，都好好的，您們在台灣，變成美國人，有甚麼不好！」讓我很是難過。

經過多次的說明，說服、抗議，長老會總會內部再三討論，終於在主後二〇一三年七月九日發出一封教會牧函，勸阻各教會會友，不可參加「台灣民政府」。教會牧函由總會議長許榮豐牧師，總幹事林芳仲具名，內容如下：

近來因許多牧師、信徒基於疼惜台灣、希望台灣可以走出政治困境的另一條路，而加入「台灣民政府」，致使外界誤認台灣基督長老教會支持「台灣民政府」，並帶給教會困擾。因此，台灣基督長老教會明確地表明：

1. 台灣基督長老教會並沒有支持「台灣民政府」的主張及行動。

2. 台灣基督長老教會雖然沒有支持「台灣民政府」，但尊重該

組織所擁有的言論自由權利。

台灣基督長老教會同時有責任提醒牧長、信徒：

1. 台灣的國際地位在 1951 年 9 月 8 日簽訂的〈舊金山和約〉第二條中明確說到「日本政府放棄對台灣、澎湖等島嶼的一切權利、名義與要求」，並未提及台灣的歸屬，而第二次世界大戰後的潮流及普世人權的價值影響之下，「自決權」是戰時殖民地解決歸屬的最高原則。台灣的未來應依照「住民自決」的原則由台灣的住民來決定自己的國家；這也是台灣基督長老教會在 70 年代發表三篇重要宣言的基礎。這些與「台灣民政府」主張台灣為「日本天皇保有所有權，美國總統握有佔領權」是相互矛盾的。

2. 雖然「台灣民政府」反對台灣屬於美國的一部份，但他們同時也反對台灣的獨立、建國、自治等的選項。這與台灣基督長老教會所堅持的「面對現實，採取有效措施，使台灣成為一個新而獨立的國家」是矛盾的。

3. 「台灣民政府」在這兩年不斷強調參拜「靖國神社」以展示其主張之「日本天皇保有所有權」，但參拜靖國神社具有高度的政治及宗教的敏感度及爭議性，不宜鼓勵。

因此，我們再次呼籲：

目前台灣的處境雖然艱困，仍有許多關心台灣前途的人，以各種不同的主張與方法疼惜台灣。在我們尊重不同主張、方

法的同時，我們應以台灣基督長老教會的信仰告白「認同所有的住民，通過愛與受苦，來成做盼望的記號」為基礎，明辨各種主張之異同，選擇符合信仰之方式，來與所有的台灣人共同追求，使台灣成為一個重視公義、愛好和平、守護人權之「新而獨立的國家」。

■ 2010 年 7 月姚嘉文（右二）與張炎憲館長（後排左五）和水噹噹成員合影。

■ 1989 年周清玉參選彰化縣長。攝影 / 邱萬興

第八章
公職體驗

一、彰化縣長

（一）告別律師

1987 年我釋放出獄時，因脫離社會已經好幾年，幾位「美麗島審判」的辯護人已經參政有年，在推動建國工作議題，雖仍由所謂「美麗島世代」領導，但在有關公職提名，競選工作方面，「美麗島世代」各人，或因公權尚未恢復，也無公職身分，在黨內外備受冷落，多數依賴親人參選，間接參與政治活動，協助家人參選。

台灣社會尊重公職人員，無法參選的「美麗島世代」，在社會飽受冷落，時聽到抱怨聲音，但現實如此，大家也只好接受。以後恢復公權，許多人投入選舉。

我恢復公權後，本想回去執行律師職務，在加入律師公會後，發現環境變化，身分不同，很難再披法袍執業，以後退出律師公會。這時期我只辦過一件義務案件。

1998 年 1 月，彰化縣埤頭鄉鄉長選舉時期，彰化地檢署檢察官林忠義藉口查賄，在「民主進步黨」候選人辦理之政見發表會後，命令將候選人、總幹事、政見會主持人、工作人員及聽眾押送警局，逐一訊問，製作筆錄。雖查無任何證據，但仍拖至近半夜時，始全部釋放請回。

■周清玉嫁進姚家，其實從來沒有在彰化住過，卻為了替姚嘉文開路，深耕基層，1989 年底回鄉投入彰化縣長的選舉。攝影 / 邱萬興

　　在林檢察官訊問時，總幹事許金主提出抗議，表示聽說「中國國民黨」準備買票，為何不去抓？只找「民主進步黨」候選人麻煩，這樣查賄，是否在影響選舉？林檢察官一聽大怒，命令許金主第二天上午九點三十分帶同證人到庭，證明「中國國民黨」有人準備買票。許金主表示次日一早有遊行，且時間迫切，無法找證人作證，可否改期。林檢察官不准，諭知要準時到庭，「抗傳即拘」，並當場製作拘票，隨即半夜前往「民主進步黨」候選人競選總部搜查，百般騷擾。

　　林檢察官在地檢署報立查賄三案，各案一手包辦，不久以證人身分傳訊「中國國民黨」候選人，問他有無賄選，因他「證明」並無賄選，即起訴許金主犯誣告罪。

　　各地檢察官偶有辦理查賄偏袒包庇情事，但未見如此明目張膽情

形。我受「民主進步黨」黨部要求披掛上陣辯護,法官開庭時,搖頭帶笑,不多問話。以後宣判無罪。

這是我一生最後承辦的法院訴訟案件。

想當年為了追求律師夢,耗去多少青春,如今情事改變,不能再披法袍上法庭,真是有夢難行,只好另築新夢。

(二)彰化第一位女縣長

1989 年台灣舉行縣市長,縣議員及鄉鎮長等選舉。彰化縣很多鄉親到台北勸進周清玉回去參選縣長。「中國國民黨」提名一位警官出身的省議員施某參選。競選活動期間發生一件「芬園事件」。芬園鄉地區的警察查獲賭場,拘押了幾個賭場人員,「中國國民黨」候選人找立委到場關說施壓, 要求放人,當場有對警察推打拍桌情形。媒體披露後,檢察官立案偵查,社會譁然。彰化縣內賭場林立,時有賭場押人強討賭債各情形。賭場收留許多國中畢業青年,訓練擔任打手。又傳說賭場提供毒品,女色,鼓勵賭徒參加賭博,在賭徒身上賭資輸光後,可簽發本票借款再賭。有時甚至要求家人前來當人質,放賭徒出去籌款換人。

因此,賭場被認為涉及妨害自由,煙毒,色情犯罪,地方早已痛恨萬分。如今發生公職人員庇護賭場情事,加上警界反感,又因「中國國民黨」內部地方紅白派系分裂,勢力分散,周清玉順利當選縣長。

周清玉是彰化第一位女性縣長。彰化縣縣民長時間為縣內的賭場、黑道、色情、毒品問題的嚴重,感到困擾。縣民相信「民主進步黨」女性的縣長,不會和黑道賭場業者勾結,抱持這個期待而支持周清玉。

■周清玉擔任國大代表長達九年，
以「彰化媳婦」南下參選縣長，
選戰初期率眾到彰化縣警察局表
達對治安敗壞的不滿。

■ 1989 年周清玉在公
辦政見會上挑戰國
民黨縣長候選人。

　　周清玉當選縣長以後，施政上遇到許多困難。當時的縣議會沒有一個是「民主進步黨」籍的縣議員。縣議會在「中國國民黨」黨部的指揮下，不通過縣政府的年度預算，有關政策事事杯葛，百般刁難。取締八大行業的預算遭到刪除。雖社會各界要求掃蕩賭場黑道的聲音很強，縣政府必須在很艱難的條件下設法推動取締工作。

　　當時警察系統的人事權仍控制在中央政府。警政署派一位陳禮中警官接任彰化縣警局局長。在縣長就職的前一天，未知會縣政府而在「中國國民黨」彰化縣黨部移交接任。

　　陳禮中在縣長就職後要求拜訪周縣長，周清玉一聽很生氣，不願見接見，不承認他在「中國國民黨」縣黨部執行移交接任有效。縣警察局是縣政府的下屬一級機關，雖然人員不是縣長選任派用，但體制

■ 1989 年周清玉當選彰化縣長，從前縣長黃石城手中接下印信，開啟了縣長之路。

上職務仍歸縣長指揮。無縣政府的配合，縣警察局無法推動工作。陳禮中局長去找來他的老師林山田博士，拜託周縣長接受他。

陳禮中表示他是外省人不是本地人，在彰化縣內沒有本地人脈，任何黑道賭場他都沒有人脈關係。他知道周縣長誓言要打擊黑道，掃除賭場，他支持這樣的政策。他保證配合縣長政策，全力以赴，不讓彰化縣民失望。周清玉後來接受這項人事派命。

我當時擔任縣政府顧問。為配合縣府的掃賭掃黑，我用了不少心力。我去拜訪「彰化地方法院」院長，「彰化地檢署」檢察長，「調查局彰化站」主任，「台灣警備總部」的調查組組長，「後備軍人團管區」司令，「憲兵隊」隊長，請他們大家一起聚餐討論，要求共同合作掃蕩彰化縣的黑道賭場。

當時一般縣民的印象，認為地方治安人員包庇犯罪，往往是基層抓到犯人，送到警察分局就放掉，警察分局沒放，移送到地檢署，地檢署放掉，地檢署起訴沒放人，送到法院，法院輕判。縣民對這種現象非常詬病，要求新縣長要改善。

縣長沒有司法權，只能求助有關機關合作。而且，大家也知道，黑道賭場都有民意代表在撐腰支持，這又是政治問題，不是簡單可解決。在「芬園事件」發生後，警界憤慨，縣民發聲，縣政府縣警局得到支持，推動掃黑掃毒阻力較小，地方治安機構人員較能溝通，較願合作，都表示願意配合全力掃蕩毒品賭場。

推動結果很好，但也引起地方有關的民意代表的反彈。在「中國國民黨」黨部指揮之下，縣議會百般打擊縣長，不斷借題任意移送案件到地檢署。在媒體操作下，影響製周清玉縣長的形象。

（三）小型工程

縣府小型工程招標發包制度的改善，效果卻很好。依照發包法規的規定，工程招標發包，都要公開公告閱覽。但是，有關人員告知，以前招標公告都是貼在縣政府邊門門口牆壁，拍個照片存卷就撕下來，外人無從知道有工程招標的事，更不知道工程內容。縣內土木公會的小包商，常常陳訴縣內小型工程都由少數人把持。

有一次，一個當時把持工程預算的人找我吃飯，告訴我他手上有一百張營建執照。每次有發包，他會換不同執照比價投標包到工程。他希望新縣長能繼續延續原來的做法，他一定會有很多方法回報周縣長。我沒有答應。

■ 1990 年設立「發包中心」杜絕壟斷，阻斷回扣，周清玉縣長向行政院爭取重大地方建設經費。

以後，縣政府設立「公開招標中心」，徹底執行招標工程公告，將招標工程資料公開陳列供人閱覽。邀請縣內土木公會小包商，開會說明新的招標辦法。

這種做法得罪了很多的既得利益者，反彈聲音在所難免。

縣議會議員的小型工程分配款的陋習，也很困難改革。一向的做法是縣政府分配每個議員一定的金額的工程分配款，由議員指定廠商承包小型工程。議員通常可以得到配合款三成的報酬，我曾親眼看到，縣長剛批准發包以後，廠商馬上開出支票給議員。這種情形，未來工程進行完工，有議員支持撐腰，縣政府人員根本無法切實監工驗收。但是縣政府卻要負責工程品質。應該負責監督縣政府的議員，變成被縣政府監督的對象。

議員工程分配款制度，存在在台灣各縣市。這種陋習是造成各地工程品質低陋的主要原因。周清玉就任後，有議員來要求提高議員工程配合款的金額，否則要在預算審查上全力杯葛。周縣長不同意，以後年度預算，都被阻止無法通過。重大工程的驗收也一直都是社會所詬病，縣政府嚴格要求工程的驗收，也得罪了不少人。

比較成功的改革是水利會會費的問題。彰化縣是農業縣，農民很多，台灣農村近乎破產，農民收入低落，水利會會費是一大負擔。農民常常提起，有時水利會沒有供水，農民卻一樣要繳水利費。周縣長為減少農民負擔，就編列預算替全縣的農民繳納。縣議會沒有反對，就順利執行。後來省政府擔心其他縣市會因此批評「中國國民黨」，就編列預算將全台農民應繳的水利費由省政府預算支付。

（四）推動本土語言

因為要推動本土語言教育，「民主進步黨」執政的六個縣市聯合舉辦研討會，討論台語拼音符號的制訂，希望制訂一套羅馬拼音，作為國民學校台語教學之用。研討會在中央研究院召開，前後三天研討，邀請國內語文教育的學者到會，我也全程參加。

研討會結果，我非常失望。與會學者來自不同的背景，有留學日本，有留學美國、法國、歐美國家的。他們對羅馬字的使用各有不同意見。會中對採用那一套羅馬字，辯論激烈，多在辯論語音學有關問題，三天下來無何結論。

我在最後主持結論時，不客氣地講：「我們今日是要制訂一套可以在國民學校，讓國中小學生使用的羅馬拼音系統，並不是在研討語

■周清玉在彰化縣長任內，全力推動「心中有母親，不罵三字經」。

音學。我們不在研討各種學派的發音學、文字學、聲符學。我們三天下來竟然沒有一點收穫，我感到很遺憾」。

台灣為了要推動台灣羅馬字的制訂，各界一直爭論不休，以致經過多年，進展很慢，經過很久的爭論，近年教育部才訂出一套「台羅拼音」出來，但常用漢字部分，卻出現很多新造的字，增加台語學習的困難。

（五）社會園區

彰化市八卦山麓有軍方占用一大塊縣屬土地，本是陸軍砲兵營地，對外稱為「成功營區」。營區早已閒置，我擔任立法院國防委員會召集委員時，和縣長周清玉聯手向國防部交涉返還。當時的國防部長是孫震。他是前台大校長。孫部長批示軍方土地交還。

縣政府後將「成功營區」交給彰化縣立藝術高中管理，以後一部分做其他用途，在 2017 年以後，其中部分房舍籌設了「台灣語文創意園區」，推動台語文的復振。

當時「中國國民黨」的彰化縣黨部、彰化市黨部，以及很多鄉鎮的民眾服務社，都占用縣有或鄉鎮市有的土地或房屋。彰化縣黨部甚至是由縣政府出資起建，土地為彰化市公所所有。據說「中國國民黨」縣黨部主張，因為房屋起造人所有人是縣政府，房屋稅甚至水電費，整修費用都應由縣政府繳納負擔。也許縣黨部認為由縣政府負責房舍的維修各費繳納，可以占便宜，所以一直沒有設法將房屋土地登記到「中國國民黨」名下。

當時「中國國民黨」秘書長是宋楚瑜。我要求他把這些土地房舍交還給縣政府和各鄉鎮公所。我跟他講說，「中國國民黨」這麼有錢，

還要占用到地方公有的房屋土地，實在很不好看。宋楚瑜答應儘速處理。

我們將「中國國民黨」佔用的縣有、鄉鎮市公所有房屋土地詳細資料全部刊登在「關懷雜誌」。「中國國民黨」籍縣議員雖然事事反對縣政府，但無法反對縣政府收回房地的主張。所以縣政府及各鄉鎮市就順利收回這些房屋土地。

「中國國民黨」如果更早的時候，要求縣政府及各鄉鎮公所將有關房地贈與登記過戶，以後「黨產會」（「不當黨產處理委員會」）成立，要收回就很困難。好在彰化縣地區公有房地沒有做捐贈，得以順利收回。

法務部調查局彰化調查站，原來也是縣政府起造提供使用，（包括繳稅水電整修）。以後調查站遷到八卦山上，自建新辦公廳舍，將舊的建築移交給縣政府。縣政府整修後設立「社會園區」，供各社團及縣政府社會處辦理活動訓練之用。

該建築用地雖登記為「彰化市」有。但舊彰化市為省轄市。行政轄區調整。縣市合併，改為縣屬，土地應屬縣有，且建築物為縣政府所建，應由縣政府使用，但地方人士認為應交由縣轄彰化市使用。縣市發生爭議。「中國國民黨」藉此議題，大作文章，先由縣議員到園區調查園區整修費用的預算來源，後來發現所有設備及整修都由地方人士捐助，並未使用縣政府預算。前來調查的縣議員，不敢相信縣政府能只動用社會資源整修，感嘆未曾看過此種情形。

接著，「中國國民黨」黨部規劃抗爭。在「社會園區」設立當天，發動市代表及群眾前來騷擾，強力阻止「社會園區」的開幕儀式。我也受到暴力對待，縣市關係受到影響。新縣長就任後，該建築物交給

■ 1990 年周清玉縣長陪同李登輝總統與副總統李元簇視察彰化縣地方建設。

市公所使用。地方人士在該房地無償長期被占用從不表意見，如今縣
政府使用自己興建房舍，「中國國民黨」黨部卻藉此抗爭，給縣政府
帶來許多困擾。縣政府沒有預測到這些可能遭遇的困難，不在收回房
舍時即交給市公所使用，政治上是錯誤的做法。回想起來，當時處理
不當，造成很大的困擾。

（六）省議員

李登輝就任總統以後，為了鞏固他的領導地位，「中國國民黨」
在各地縣市長選舉提名輔選，使用各種手段，花費大筆經費，打擊「民
主進步黨」提名的候選人。

彰化縣本來提名縣議會議長謝式穀，謝式穀提名後，不斷遭受恐

嚇威脅勒索，只好宣布退選。「中國國民黨」改提名一位有紅幫背景，爭議頗多的法官參選。周清玉競選連任時受到很多抹黑及惡毒的打擊，以致落選。新縣長就任後，大批主管因案被偵辦，「中國國民黨」在彰化縣的聲望與勢力，大受影響。

之後，周清玉改選省議員。在省議員任內，做了許多事，比較突出的是追查省屬行庫的呆帳。省屬行庫資金豐富，每行庫多有超貸呆帳，很多呆帳是省議員關說借到的。有些省議員因此項服務致富，周清玉追查呆帳的動作，阻止許多超貸案件發生。她要求各行庫提出未清還呆帳清單。行庫雖都提出，但拒絕列明借款人姓名或公司名稱。以後，行庫民營化，或民股加入，此種陋病才不再見。

二、國會議員

（一）司法、國防

1988 年我卸任黨主席以後，先後受邀去基督教長老教會「台灣神學院」及「台南神學院」教書，講授「台灣的歷史與政治」。因為沒有擔任公職，在黨內的影響力逐漸減少，甚至明顯的感到被排斥，了解到「參政者」在黨及社會上的優越地位。這絕對不是台灣民主化運動的好現象，但似乎也不是很容易打破的台灣社會文化。許多朋友因而不斷鼓勵我去參加立委選舉。

1992 年，我參加選舉，因為周清玉擔任縣長，我的選舉過程非常順利，擔任了三年的立法委員。我參加兩年的司法委員會。以後參加一年國防委員會。

■ 1992年姚嘉文參加福利國連線，回彰化參加立法委員選舉。

■ 1992年台灣辯護人姚嘉文回鄉參加立法委員選舉，在彰化縣政府前舉辦誓師大會。

我當選立法委員，深深感受到公職爭奪的惡性文化的嚴重。進入國會後雖可參與國事討論，分享決策權力，但卻很難適應這種文化。我秉持「美麗島運動」的精神參政，卻發現參政者與改革者觀念與作法真的有很大的不同。在競選過程中，我倍受同黨同志及他黨對敵的追殺，心理無法適應，又受傷慘重，在落選兩次以後，我承認不能適應這種文化，乃放棄再參加選舉。

「民主進步黨」成立時，黨員和領導者有兩種不同的成分。一種是「參政者」，一種是「改革者」。「改革者」不滿意「中國國民黨」的統治，延續反對運動的主張，希望台灣成為新的國家新的體制；另一種是「參政者」，延續黨外時代參政的活動，有些已是各種公職人員，有些是想參加選舉，爭取公職選舉的人，這兩種黨員並非絕然劃分，全然不同。「改革者」也會參選，「參政者」也並非全無改革理念，只是程度不同。

許多以前熱心參與民主運動的朋友，也一樣視公職參選為畏途，雖然我們仍鼓勵社會優秀青年踴躍參選。

（二）調查局

進入立法院之後，我先參加司法委員會。我擔任律師有年，在司法委員會工作，得心應手。因為自己是律師，有法庭民刑事訴訟及教學的經驗，有「美麗島案件」被告被關的經驗，熟悉法務部所管理的調查局、檢察官及監獄看守所業務。我長年研究司法院所主政的法院組織、法庭布置、訴訟程序，及司法人員待遇俸給等問題。可惜參與司法委員會的委員不都真正對司法問題有興趣，開會時常常不來，或簽到後提早離開，導致委員會開會人數不足，無法開會，或提早散會。

■ 1993 年左起陳光復、姚嘉文、張俊雄召開朝野兩黨敬老年金辯論會記者會。

■ 1993 年第二屆立法委員、姚嘉文擔任民進黨立法院黨團召集人，左起民進黨立委
盧修一、陳哲男、姚嘉文、黃信介、黃昭輝、謝長廷、施明德。

有人告訴我，有些參與司法委員會的委員，本身有案件，所以關心司法運作。

我在司法委員會用不少時間協助調查局的改革。「法務部調查局」是國家最有權力的犯罪偵查機關。黨外人士基本上多痛恨調查局。「美麗島案件」發生時，案件的重要部分（包括我的部分）是由調查局負責偵辦。一般人對調查局的印象，認為是壓制民主運動的工具，負責監聽，跟監，破壞民主運動的推動。

其實，調查局除了政治社調偵防工作以外，還有許多職務，像緝毒，追緝偽鈔假酒假化妝品，打擊犯罪組織等等。陳水扁擔任總統之後，任命陳定南為法務部長。陳部長上任後，公開表示要裁撤調查局，以示對調查局的不滿。其實，調查局之設立，根據其組織條例，裁撤調查局涉及法律的廢止，權責在立法院，不在法務部。調查局的改革，在於減去其社會政治社調偵防工作，禁止局員涉入政治活動，禁止進行對政治活動的監控，以後，2016年廢止其組織條例，另立組織法，是朝這個方向進行。

我在司法委員會時，調查局局長是吳東明。此時，調查局發生一件調查員強暴行為的醜聞，社會輿論譁然。吳東明表明要整頓調查局，提出「國家的調查局」、「人民的調查局」、「現代的調查局」……一大堆的口號。他經常和我討論這個問題，我告訴他人民對調查局的不滿主要是因為調查局介入政治運動，抓辦政治犯，布置線民等政治社調偵防等等。我認為將那些工作廢除後，調查局的社會觀感會有改善。「台灣警備總司令部」已經裁撤，「法務部調查局」不應介入政治活動。

我又建議調查局應該對民眾開放，設立展示室，歡迎民眾參觀，

■姚嘉文參加國防委員會，在國會關心台灣的軍事安全。

■ 1993 年姚嘉文進入
國防委員會，努力破
除台灣人民對中國無
端的軍事恐懼。

使民眾了解調查局在辦理偽鈔查緝、毒品、假酒、組織犯罪的查緝工作，改變民眾對調查局的看法。吳東明接受建議，開辦民眾參觀。

我擔任司法委員會召集委員時，馬英九擔任法務部長。法務部向立法院提出修法案，以監獄人滿為理由，將假釋條件刑期過半減為坐滿三分之一，即可申請假釋。我當時雖有懷疑，但未極力反對。修正案通過實施，有部分假釋犯出獄再犯，幾年後又改回刑期滿二分之一。

（三）南海三策

最後一年，我加入國防委員會。我用心在軍隊精簡和戰略的考慮，特別是南海問題的重視。我和前任召集委員陳水扁分別發揮不同議題。陳水扁主要工作在檢舉軍中弊案，批判軍中惡習。我接任後轉變不同議題。當時國防部長是蔣仲苓將軍，我經常與國防部討論，推動軍隊的精簡方案。

我關心國防大學的課程規劃。當時我認識一位退休的研究戰略的專家鈕先鍾先生，時常找他請益戰略問題。我從高中開始，就對戰爭戰略有興趣，讀了不少這方面的書。我去國防大學考察時，發現國防大學「戰爭學院」設的是「戰爭研究所」，頗不以為然。我與鈕先鍾先生討論，認為應該要改成「戰略研究所」。

「戰爭學院」是要晉升少將的上校級軍官必修的地方。現代的將軍必須懂得戰略，不能只懂戰爭。鈕先鍾先生又建議「戰略研究所」不僅換個招牌名稱，要有不同的課程。我們主張應該要增加至少兩個科目，「國際經貿」及「國際情勢」。鈕先鍾先生更進一步主張這兩

門科目，不應由軍中教官教授，應請外聘學者講授。國防大學接受我們的建議。

我又主張國防部應多研究南海問題。在質詢或私下討論時，國防部人員特別是空軍海軍人員，都推說台灣對南海問題很難著力。雖然台灣在南海有東沙島，太平島兩個南海唯二有淡水的海島，但是他們都認為對南海無能為力，因為海軍力量不夠。空軍遠航飛機不足。所以國防部一直對南海問題不加重視。

我一再強調，台灣的國防問題不在台海，而在南海。這議題雖經多方討論，深入研究，但沒有受到應有的重視。後來，我將我的主張與觀念寫成一本書《南海十國春秋》，分發立法院同仁及政府人員、學者，呼籲各界重視南海的重要性。

■ 1995 年姚嘉文出版「南海十國春秋」一書提到台灣已與「陸權」區隔，成為「海洋國家」之一。攝影 / 邱萬興

我在《南海十國春秋》書中提出「南海三策」的觀念。

所謂『南海三策』是指：

　　第一、　注意南海的情勢

　　第二、　避免南海的災害

　　第三、　運用南海的形勢

2008 年以後，「中國國民黨」執政的國安會，有人私下告訴我，他們在處理南海問題的時候，經常參考我的《南海十國春秋》寫意見書。

我不斷要求國防部注意南海問題，但以後發現處理南海問題不只是國防部，外交部也有責任，之後更發現這是國安議題，應該由國安會負責。

有一次，我到日本拜訪國會，在與一位日本國會議員談話時，我提到台灣對日本的重要性，抱怨日本政府不重視台灣的安全問題，不了解台灣安全對發展日本安全的重要性。那位國會議員搖頭說：

「日本那裡不重視台灣的安全？日本重視台灣海峽的安全，也重視南海的安全。」

他又說：

「我們認為南海是亞洲的火藥庫，日本也認為，從長崎至新加坡的麻六甲海峽，是日本的生命線。日本的進出口貨船，主要是由這條航線出入。如果這條航線不安全，逼得我們必須繞行太平洋，廠商必須多負擔運費與保險費，不知多少廠商要破產倒閉。所以，日本要確保這條航線的安全，維護這條航線的安全。」

我問他，日本自衛隊不能出國不能遠航，你們如何去確保，如何去維護這條航線的安全？

他回答說靠國際關係國際合作，靠外交關係。

我以後拜訪國安會，提出這個觀念，並提醒說，我國政府及民間擁有各種資源，可以和南海周邊各國政府合作，共同維護南海安全，保護各國利益。

國安會安排一次會議，邀請行政院各部會人員，討論如何在南海議題動員整合國家的資源運作，邀請我列席說明。我提醒大家，台灣在新加坡、越南、泰國、印尼、馬來西亞、菲律賓各國，有很多合作案，也有很多外勞，台灣可動用這些資源與關係，共同研究如何合作，一起阻止中國對南海的控制。美國、日本、印度各國，對南海也都有他們的國家利益。

（四）假「反共義士」

我在國防委員會的時候，民眾申訴案件有關國防部的部分，會送交我們處理。我印象最深的一個案件，是一位人在中國的女性民眾陳訴的。她陳情說當年他們一家人在廈門海邊捕魚，被一個匪徒挾持。匪徒殺害她的丈夫，挾持她駕船逃到金門，「台灣警備總司令部」逼迫那位中國女性民眾，承認那個匪徒是她的丈夫，舉行記者會，大力宣傳她和匪徒是「反共義士夫妻投奔自由」，發獎金給那個匪徒。

那個匪徒拿錢後不久就獨自移民到美國去，她則非常痛苦的回到中國。現在她來陳訴要求國防部賠償。

我到國防部調查，國防部經辦人說這位民眾不斷寫信來要求賠

■在國會舉辦公聽會，姚嘉文與民進黨立法院黨團討論 1995 年度中央政府總預算問題。

■台灣安全應從南中國海考
量，而非僅海峽兩岸形式
思考，1995 年姚嘉文與
江鵬堅攝於東沙島。

償，國防部一直沒有處理。我要求國防部要處理，但國防部表示「台灣警備總司令部」並沒有移交案件全部資料，有關資料沒有全部留下，而「台灣警備總司令部」此時已經裁撤，雖然國防部作過調查，確認那位陳情的民眾講的是事實，但那個匪徒已移民到美國，案件無從處理。今事隔多年，國防部不願賠償。

台灣戒嚴時代，類似假造「反共義士」的案件，時有所聞。「台灣警備總司令部」不斷以這種手法欺騙國民，經辦人員以此邀功，獲取獎金。非常不該。

■ 1995 年，一生為台灣的姚嘉文攝於彰化縣立法委員競選造勢晚會，在各方勢力夾攻下，連任失利。攝影 / 邱萬興

（五）選民服務

我擔任三年的立委之後，連續競選兩次都沒能當選。每次參選不但敵黨百般攻擊，同黨的候選人也用力打擊。當時還是大選區制時代，我主張為了「民主進步黨」國會席次增加，同一選區的同志要能合作，使能盡量多數當選。某些候選人的競選方法不同，強調他自己當選就好，別人不必當選，為奪取本黨票源，用於攻擊同黨同志的力道，遠大於攻擊敵黨，也不用力宣揚本黨主張。我感受到台灣新生參政者爭取權位的惡劣手法，很難適應。兩次的選舉在各方夾攻之下慘敗，以後就沒有再參加任何的選舉。

我擔任立法委員時，發現根本無法專心在立法院工作，大部分時間都要耗在地方選民服務，以及婚喪喜慶活動上。這種情形我非常不習慣。立法委員在參與委員會的時候都要爭取擔任召集委員，不是本身對那委員會業務有興趣，而是要取得召集委員身分，可以主持委員會，安排法案審查，安排部會視察，影響政府預算，有助選民服務。法案研究大部分交由助理處理，委員大部分時間用在地方拜訪，參加婚喪喜慶活動，問政品質無法提升。

三、考試院長

（一）國會同意

2002 年，總統要提名考試院長及考試委員。本來陳水扁總統內定提名別人，但後來發生些許波折，陳水扁總統先告訴我考試院長的提名可能會有所更動，他需要再考慮一下。不久之後，才告知要提名我。

■ 1999 年 10 月，姚嘉文、周清玉與立法院委員訪問美國首都華府。

■ 2002 年 5 月，陳水扁總統提名姚嘉文任考試院長，在總統府與姚嘉文、周清玉合影。
圖片提供 / 總統府

　　「民主進步黨」在立法院的立法委員佔少數，最近幾次提名在立法院都很難通過。我認為我的提名也不會輕易通過。陳水扁總統要我認真去拜訪拉票，其他運作別人負責。周清玉當時擔任立法委員，我們就在總統府劉姓副秘書長陪同之下，到各處拜訪。首先是立法委員的研究室，又去全國各地立法委員的服務處，也拜訪了前任各位考試院長。

　　當時，副院長提名人是張博雅，張博雅據說相信會得到「中國國民黨」的支持，通過沒什麼問題，不大願意與我共同拜訪。拜訪立法院各研究室時她拒絕同行，故意錯開行程，我從樓上往下，她會故意從樓下往上。到各地拜訪，則各自行動。

　　「中國國民黨」不讓我通過，除透過各種方式醜化攻擊以外，黨主席連戰下令投票當日，禁止黨籍立委入場領票投票。黨團派林益世及幾位不分區立委，封鎖議場各進口，阻擋黨籍立委進場。我的彰化鄉親，關心提名同意投票情形，包了遊覽車北上在立法院會場聚集等待結果，親看立法委員被阻擋入場非常驚訝，就在外面鼓譟，表示不滿。此種阻擋立法委員入場投票之作法本屬非法，以後沒再發生。

　　其實，當年李登輝總統提名連戰出任行政院長時，「民主進步黨」曾經幫他大忙。當時行政院長的提名，尚需立法院同意，要同意票超過出席投票人數一半，才是通過。因「中國國民黨」黨內反對李登輝的勢力強大，李登輝總統擔心提名無法通過，派人協調「民主進步黨」支持。「民主進步黨」部分立法委員故意不出席投票，減低出席人數，使連戰順利通過同意。而今，連戰為了反對陳水扁，阻止提名通過，如此杯葛，甚為不智。其黨內亦指摘不斷，立法院以後行使同意權，未再發生這種情形。

　　「台灣團結聯盟」及無黨籍立委，以及幾位國民黨立委對我投同意票，但未投張博雅同意票，而支持她的「中國國民黨」黨籍立法委員，因未能入場投票，我以113票最低門檻通過，而張博雅遺憾未過。

　　在投票前立法院進行審查答詢時，我預料到「中國國民黨」黨籍的立法委員，一定會提出有關意識型態的問題為難。我亦先有準備。我的朋友及工作助理，為了緩和氣氛，不想場面太對立緊張，就建議在開場致詞時，對陪我到處拜訪，努力說服立法委員同事支持的周清玉委員說「我愛妳」表示感謝。於是我在致詞時大聲喊出「周清玉，我愛妳！」這句話變成報紙的頭條新聞，電視也有播報，引起了很大的反應，降低了不少「中國國民黨」敵意。

　　立法委員在質詢的時候，多數都相當客氣，並沒有太激烈的場面。其中就只有李慶華委員比較特別。他一直指責我，說我主張台灣

■考試院長提名人姚嘉文，2002年6月10接受資格審查，應委員要求，擁抱妻子周清玉（右二），感謝他四處奔走拉票的辛勞。圖片提供／中央通訊社

獨立，不承認「中華民國」，也反對中國統一，這樣的人怎麼可以來擔任「中華民國」的考試院長？他又問我認不認同「中華民國」？

我事先也預料到會有這種問題。我回答說，我是主張我們的政府，我們的國家，領土只包括台、澎、金、馬。據我了解，考試院的業務範圍，只是台、澎、金、馬。在辦考試的時候，也只有台、澎、金、馬的人來參加，沒有其他地區的人。公務員分發的地區也只有台、澎、金、馬。所以考試院的業務跟我的理念並沒有衝突。「中華人民共和國」的人民想擔任公職，或專門職業的，不會跑到我們這裡來應考。

李慶華對我的答案無法接受，很不服氣，又問說，那你有沒有認同「中華民國」？

我就回答說：哪一個「中華民國」？「中華民國」有很多個。北京袁世凱的是一個，南京汪精衛的也是一個。蔣介石在重慶，在南京也都叫「中華民國」，但領土範圍與我們不同。這些「中華民國」我都不認同。他們不是台灣的政府，台灣現在的「中華民國」，雖名稱有不當，因領土只包括台、澎、金、馬，這種「中華民國」我可以認同！

李慶華委員雖然很不滿我的回答，也無法反駁我，只是很生氣。

在９月１日就任以前，我認真做好準備。考試院的業務雖然比較簡單，還是要多了解。我研讀有關法律規章，到立法院圖書室調出近年來有關考試院的爭議新聞，分別去拜訪前任的考試委員，也到考試院去拜訪現任的考試院長許水德先生和幾位主管，多方面去了解業務。

■ 2002 年 9 月 1 日，姚嘉文擔任第十屆考試院長與前任院長許水德辦理職務交接。
圖片提供 / 考試院

■ 2002 年全心全力改造老機關的第十屆考試院長姚嘉文。圖片提供 / 考試院

（二）遭受杯葛

「中國國民黨」對我通過提名非常不高興，所以在我就任以後，就用盡各種方法打擊，特別是在預算的審查。立法院凍結了很多預算，像是辦理考試費用，辦理退休撫恤金發放的費用等等，都凍結不准使用。

如果考試院遵照立法院凍結預算，那考選部就不能辦理各項考試，銓敘部就不能辦理退休撫恤金的發放。考試院的業務就形同停擺。這我當然沒有辦法接受。雖然預算的凍結是立法院決定，但社會責備的一定是考試院。

因此，我就批示三點，我的同仁們繼續使用預算，不管凍結的決議：

1、維持國家機關正常運作的費用照常支付，

2、依法律規定應給付的費用照常支付，

3、緊急需要的費用照常支付。

我指示國會小組努力向立法委員做說明，爭取支持。

「中國國民黨」有幾位立法委員不滿我的指示，在立法院各種場合不斷批評，甚至到考試院當面指責，語帶威脅，要我遵守立法院決議，甚至公開威脅要把我移送監察院，或去法院告我！媒體問起這事時，我說因「中國國民黨」拒絕審查，監察院現在沒有監察委員，把我移送監察院，做甚麼？如果他們到法院去告我，因我是律師，不用聘請律師，但他們就需要請律師。而且，這種事情法院怎麼會受理？這樣，考試院與立法院關係緊張，一時很難改善，媒體也用盡辦法打擊我。

　　有一次，立法委員周清玉辦理助理跟幹部到綠島參訪，邀我同行。當時行政院長游錫堃有個親海計畫，要國人瞭解海洋，親近海洋，指示海巡署安排官員、民意代表、媒體人坐海巡署船隻出海體驗。我的一位林姓學生，時任海巡署東部的少將處長，知道我們要去綠島，安排我們坐台東縣富岡港開往綠島固定航班的海巡船，順路去綠島。林姓少將本計畫照例以午餐招待。周清玉委員帶人上船，但婉拒午餐招待。

　　後因海巡署裡有人檢舉，媒體追問，所以回程就自己買票搭民船回來。「中國國民黨」的立法委員到監察院（時已有監察委員）去檢舉，彰化縣地方也有人到地檢署去配合檢舉。監察院調查結果認為這次活動跟考試院無關，無職權濫用問題，無任何違法情事，決定不予處理。主辦的監察委員親自到考試院將決定書送交給我，並當面說明。

　　那位來訪的監察委員告訴我，監察院決定書內容沒有全部公開，因查出頗多的政府官員、民意代表及媒體朋友，都在行政院指示後，坐船出海。他們也查出中央研究院長李遠哲，安排好即將帶團坐船到澎湖考察，因而取消行程。這些部分就省略不公開。

　　彰化地檢署調查結果，因海巡署沒招待午餐，（雖然查出其他出海行程都有招待），亦無任何不法，不予起訴。雖是這樣，但對周清玉下次競選卻影響很大。自稱無黨籍候選人的黃文玲，就不斷利用這事件扭曲抹黑指責，影響到周清玉選情，是她那次落選的原因之一。

■國家考試逐漸朝向電腦化測驗系統著手規劃。圖片提供／考試院

■ 2002 年考試院長姚嘉文使用硃砂筆點榜。圖片提供／考試院

（三）18% 改革

我擔任考試院院長以後，「民主進步黨」的立法委員及中央黨部，就不斷有要求要廢除退撫基金存款優惠利息 18% 的制度。也有考試委員要求我招開記者會宣布考試院要廢除 18% 制度。我表示 18% 的優惠利息制度，雖已是社會關注的議題，但這議題牽涉問題很廣，無法草率處理，更無法由考試院單獨處理。而且，我還不很完全瞭解有關法源，及牽涉的軍公教人員人數。這些都需要研究，且考試院是合議制，多數委員出身公教，都領有優惠利息，必須溝通說服。

那位委員便公開向媒體記者表示，他主張考試院應廢除 18% 制度。以後考試院在討論此案時，那委員因受親友責備，並未發言表示任何意見。

因此，我開始和銓敘部研究 18% 問題。銓敘部提出「退休金替代率」的觀念。所謂「替代率」指軍公教退休以後，所領退休金和退休前薪水的百分比。銓敘部建議降到百分之八十至九十。雖然調降不多，但能使退休後所領，不超過在職時的薪水。

在討論「替代率」方案時，社會上有許多不滿聲音，有的認為改革的幅度太小，有的反對調整。有反對團體不斷到考試院抗爭，做出許多侮辱我的動作與語言。考試院的「替代率」方案，幾經修正後通過。2008 年「中國國民黨」執政，由立法院以立法方式，將 18% 制度從行政命令變成法律，廢止考試院前訂的「替代率」方案，恢復原先舊制度，引起社會譁然，「中國國民黨」掌控的立法院只好再度修法，再度實施原來我的「替代率」方案。

當初考試院處理 18% 問題時，並未引起社會上太多的注意。「中國國民黨」意圖推翻「替代率」方案，卻引起社會上很多的注意。

2016 年，蔡英文總統進行年金改革。雖然仍有抗爭，但也獲得社會上比以前更多的支持。

除了 18% 優惠利息問題，另外還有「中國國民黨」黨職併公職計算年資問題。

當時謝長廷擔任行政院長。由於社會上普遍反對「中國國民黨」黨工轉任公職時，將擔任黨職時的年資計入公職年資，領取退休金，行政院便提出法案送立法院，要取消黨職年資兼計的制度，並要追回以前退休人員兼計所領的金錢。

行政院明知「中國國民黨」立委佔多數的立法院不可能通過這種法案，仍要提案以表示立場，可以了解，但事後卻宣布交考試院處理，立法院沒辦法處理，考試院就更沒辦法了。這根本是向社會推諉交代的政治手法。「民主進步黨」籍立法委員葉宜津公開指責我，說因我想去當「中國國民黨」的官，所以不願意去處理。我聽了非常生氣。

那年縣市長選舉，台中市長胡志強競選連任，他以前擔任「中國國民黨」黨工，甚至到英國留學時，仍掛名擔任黨派駐英國的黨職，後擔任公職，兼計黨職年資請領公職退休金。「民主進步黨」助選人員以這個議題打擊他，立法委員高志鵬來找我，要我公開表示胡志強兼計黨職年資退休是違法的。

我說考試院現有這個規定，必須廢除，考試院院會一時恐難表決廢除，即使廢除，能否適用到已退休人員，尚不可知。那個規定不合裡，應該廢除，但胡志強當時根據規定請領，是有依據的，不能直接講不合法，只能說那規定不合理應該廢除，不是請領不合法。高志鵬委員聽了非常不滿，黨內也有同志指責我，說我不願意幫忙助選。胡志強卻公開感謝我，說我證明他領的退休金不是違法的。這引起了很大的誤會。

■ 2004 年 5 月姚嘉文院長參加原住民文官考銓問題座談會。圖片提供 / 考試院

■ 2002 年姚嘉文院長應邀到美國各社團演講。

（四）台語考題

國家考試國文科考試，發生過台語考題之問題。

考試院辦理高普考，出題評分，都聘請大學教授出題。有一年一位教授嘗試使用台語題目。以台語歌曲「補破網」歌詞一句「孤不離章」要求解釋。這句歌詞原意是「無所選擇」「不得不這樣」。這句台語使用雖然很普遍，文字的寫法，卻很分歧。有些寫法連懂台語的人也不一定看懂。

我也不同意那種「孤不離章」的寫法。 如果寫成「姑不二章」也許較能被了解，也更能被接受。「章」者，章法，「姑不二章」表示無法採用其他辦法，姑且如此做了。

推動台語及採用本地題材入題，我不反對，我非常支持。但國家考試，目的在測試考生擔任公務人員或專門職業人員的學識能力。推動本土語言屬於教育工作，在本土語言教育工作尚未成熟，本土語言標寫方法尚未普遍之前，貿然入題，自有爭議。何況考生有不懂台語的，以此入題，亦非公平。

當時也有主張原住民特考要加考原住民族語，我也認為目前時機仍未成熟，沒有辦法實施。考試出題，責在教授。典試委員及典試長有監督之責，但多尊重命題教授之決定，命題適當與否，雖可供公評，但不應全部指責考試院。考試院的責任在命題委員的選任。如選任不當，自應受批評。「中國國民黨」一開始就大做文章，操作族群問題。行政院客家原委會主委葉菊蘭，也代表客家人到考試院來抗議。陳水扁總統則致電要我處理。考試院遭受各種嚴厲指責，很難接受。我與辦理這項考試的委員討論，決定再加一位閱卷人閱卷計分，兩次分數均分，如此解決爭議。

■ 2004 年 5 月姚嘉文院長參訪中研院拜會李遠哲院長。

■ 2004 年 2 月 25 日姚嘉文院長（前排左五）赴韓國接受韓京大學頒贈名譽法學博士。

（五）國家文官學院

考試院辦理公務人員訓練，設有「文官培訓所」，（如今改組為「文官學院」）。「文官培訓所」剛初設立時，無固定場所，數度遷移，我到任時設在台北市光復南路，借用臨時場地，期望找永久的適當地方。我多次到「國家財產局」去交涉，希望經濟部移撥在清華大學隔壁的訓練中心。但經濟部因仍有需要，不便移讓，幫忙找到物資局在南港的舊倉庫。

這個舊倉庫早已閒置，由省政府出租他人。省政府虛位化後，舊倉庫移交經濟部，一直無人管理。原承租人多年未繳租金，卻轉租得利。我一方面直接商請現使用人搬遷，另方面接見原承租人，勸他不再進入舊倉庫干擾使用。原承租人要求繼續承租，但要求不能追討積欠省政府的租金。考試院當然無法接受。原承租人雖多方干擾，考試院堅持收回，整理使用。蘇貞昌擔任行政院長時，加撥新台幣一億兩千萬元供內外整修。後改組為「國家文官學院」，又經過不斷整修，現已成為一座設備完善，環境幽雅的培訓場所。

（六）《十句話影響臺灣》

考試院業務不多，我擔任考試院長，尚有閒餘時間寫作。我整理舊資料，寫作《十句話影響台灣》。我從歷史文獻及各種資料中找出十句話，這些話句可以呈現台灣歷史的演化。這幾句關鍵性的話反映著也建構著，各國有關台灣，或台灣本身的內外政策。

這些話有些是口號，有些是立場，有些是決策。不論是什麼，真言一句，法力無邊。

數百年來台灣的歷史，幾經滄桑，多少波折，充滿許多不穩定的變數。台灣的地位與前途，每每受到中國（元朝、明朝、清朝，前中華民國、中華人民共和國）、日本、西班牙、荷蘭、英國、法國、美國等國家的立場與政策的影響。國際因素以外，台灣統治當局的立場與政策，當然更影響著台灣的地位與前途。

考試院有圖書館，藏書很多，我常常去找書閱讀。有一次在圖書館找到一本國防研究院出版的《蔣總統集》（1960 年 10 月 30 日，台初版），第二冊（演講），錄有蔣介石在中國戰敗後，來台灣「復行視事」（1950 年 3 月 1 日）後 3 月 19 日發表演說，宣布原有的「中華民國」已經亡國，今後要「復國」（「恢復中華民國」），他說：

今日到台灣來的人，無論文武幹部，好像並無亡國之痛的感覺。⋯⋯如果長此下去，連這最後的基地台灣，亦都不能確保了！所以我今天特別提醒大家，我們的中華民國到去年年終就隨大陸淪陷而已經滅亡了！我們今天都已成了亡國之民，而還不自覺，豈不可痛？我們一般同志如果今日還有氣節和血心，那就應該以『恢復中華民國』來作我們今後共同奮鬥的目標。

以後中華學術院在 1974 年四版的同書名同冊同頁次，將蔣介石的演說，稍加修改：

⋯⋯所以我今天特別提醒大家，我們的中華民國到去年年終，就隨大陸淪陷，而『幾乎已等於』滅亡了！

無論是「已經滅亡了」，或是「幾乎已等於滅亡了」，其最後的結論是「恢復中華民國」，蔣介石明白表示在台復職，雖仍沿用「中

正中書局 文物圖志

十句話
影響台灣

姚嘉文 著

陳水扁　總統
呂秀蓮　副總統
李登輝　前總統
鄭欽仁　教授
黃昭堂　教授
蘇進強　祕書長
吳密察　教授
蕭美琴　立委

真誠推薦

■ 2003 年姚嘉文發表《十句話影響台灣》。

華民國」之名，但與重慶、南京時的「中華民國」有別，南京的「中華民國」尚待恢復。

我將這段話錄入《十句話影響台灣》，第六句「堅守民主陣容」中。

「中華民國已經滅亡了！」之論出現之後，登上報端。電視政論節目，也來索取出處，事後我在說明台灣的「中華民國」與原中國的「中華民國」，是兩個不同的國家，多了一個有力的佐證。

《十句話影響台灣》的十句是：

一、「海外為不征之國」

二、「反清復明」

三、「南進」

四、「台灣鳥不語花不香」

五、「設置台灣議會」

六、「堅守民主陣容」

七、「我是台灣人」

八、「One China, but not now」

九、「台灣主權獨立」

十、「台灣中國，一邊一國」

2006 年，我出版《霧社人止關》。將新取得的「霧社事件」及「228 事件」資料，合寫一本小說。

■ 2017 年姚嘉文再版《十句話影響台灣》。

■考試院長姚嘉文在 2004 年「世界台灣人大會」第四屆年會上專題演講。攝影／邱萬興

第九章
回首日月

一、國家聯盟

（一）「台灣國家聯盟」總召集人

2008 年，我卸任考試院長，接任「台灣國家聯盟」總召集人。

「台灣國家聯盟」前身是 2004 年成立的「手護台灣大聯盟」。2004 年李登輝前總統號召全台各獨派團體，支持陳水扁競選連任，舉辦「牽手護台灣」活動。活動結束後，各團體結合組成「手護台灣

■手護台灣大聯盟，2004 年 7 月 1 日在台北市圓山大飯店舉行「台灣制憲運動誓師大會」，前總統李登輝（左）擔任制憲運動總召集人，發起人黃昭堂博士（右二）、姚嘉文院長（右一）共同啟動運動列車。攝影 / 邱萬興

大聯盟」，由李登輝擔任總召集人，「台獨聯盟」主席黃昭堂博士擔任執行總召集人。聯盟由各加盟社團負責人擔任當然決策委員，並聘請若干個人決策委員。

2008 年夏，黃昭堂博士辭執行總召集人。李登輝總統號亦不再擔任總召集人。 當年總統及立委選舉，「民主進步黨」大敗，部分獨派人士士氣低落，「手護台灣大聯盟」開會，認聯盟應該繼續存在，加強活動，乃改名「台灣國家聯盟」，以「監督政府，維護主權，發展台灣」為工作目標，推選我接任總召集人。

「台灣國家聯盟」為台灣各加盟獨派團體的協調溝通平台，每年舉辦「228 和平紀念日」，及九月「舊金山和平條約」紀念活動，並與海外台僑組織「世界台灣人大會」，每年合辦「海內外台灣人國是會議」，邀請美日兩國政要或學者，與國內政要學者討論當前台灣面臨的國家議題。

「台灣國家聯盟」特別關心台灣主權問題。有一年國史館館長林滿紅公開表示，根據 1952 年台灣與日本在台北簽訂的和平條約，台灣主權已移交給「中華民國」。「台灣國家聯盟」不同意這種說法，向林館長提出抗議。林館長親自前來說明，表明她所謂「中華民國」，是指台澎金馬，而台灣與大陸中國互不隸屬。

台灣外交部維持數十年來的主張，不斷表示「中華民國」成立於1912 年，領土包含大陸中國全部領土及蒙古國領土。這種食古不化的八股陳腐說法，與政治事實及國際法不符，有害台灣外交的推動及台灣地位的維持。「台灣國家聯盟」不斷提出抗議。

為慎重起見， 2011 年 9 月 5 日「台灣國家聯盟」向外交部發出一份公開信，詳細說明今日台灣借用「中華民國」國名有所不宜，

台灣雖沿用「中華民國」國名，但與 1912 年在南京在北京在重慶使用的「中華民國」，屬「同名異物」，含意各有不同。

公開信抗議外交部對「舊金山和約」及台灣主權問題的錯誤聲明。內容如下；

一、貴部昨日發表聲明，稱依據所謂「開羅宣言」及「波茨坦宣言」，台灣與澎湖戰後歸還為「中華民國」領土云云。又稱「開羅宣言」及「波茨坦宣言」有法律拘束力等等，不合歷史事實及國際法，立論錯誤，嚴重傷害國家，特提抗議，函請更正。

二、按所謂「國際條約」是國家與國家之間具有法律效果之文件，經各國國會批准生效。所謂「開羅宣言」及「波茨坦宣言」並非國際條約，不具法律效力，為具有普通外交常識及國際法知識者所熟知。貴部為台灣國家最高外交機關，以捍衛國家主權及利益為職責，對此台灣主要國家利益的台灣主權歸屬問題，作此違反法律常識之錯誤論述，殊屬不當。

三、至於所謂「中華民國」之名，依 1952 年台灣與日本國簽訂之「台北和約」換文中表示「本約條款關於『中華民國』之一方，應適用於現在『中華民國政府』控制下，或將來在其控制下之全部領土。與所謂「開羅宣言」及「波茨坦宣言」中所指與日本作戰中國大陸地區之「中華民國」是「同名異物」，完全不同，貴部對此亦應知之甚詳，豈能歪曲事實，欺騙國人。

■ 2008 年姚嘉文擔任「台灣國家聯盟」總召集人。

■ 2002 年世界台灣人大會，推動「台灣正名、國家制憲」大遊行。攝影 / 邱萬興

四、台灣國家聯盟為台灣各關心台灣主權及前途之團體組成，以「監督政府」「維護主權」及「發展台灣」為職志，茲代表本聯盟具函如上，嚴正抗議。並附送「舊金山和約」60 周年紀念小冊乙份，以供參考。

（二）「成田宣言」－四個維持現狀

關於台灣地位之維護，國際間，特別美國與日本政府，時常使用「維持現狀（Status Quo）」這個用詞。「維持現狀」本意是指維持台灣的國際法律地位的現狀，不是指台灣內部一切制度及政策的現狀。但一般民眾，甚至有些學者，會認為是指台灣國內一切不變。

為澄清這個誤會，2006 年「台灣國家聯盟」及「世界台灣人大會（World Taiwanese Congress, WTC）」在日本成田機場附近旅館，召開年度協調會議時，研議國際間，特別是美日兩國使用「維持現狀（Status Quo）」這用詞的具體內涵，結論交我主稿，由「世界台灣人大會」發表「成田宣言」。

2016 年，台灣總統選舉，蔡英文以「維持現狀」作為主要政見，在她當選後，赴美訪問之前，來「台灣國家聯盟」辦公室拜訪，我們將宣言書的中英文，影印給她，作為向外說明的參考。

「成田宣言」內容如下：

台灣是一個主權獨立的國家，這乃是不容否認的事實。台灣國家地位的正常化，不僅是海內外台灣人民的共同期望及基本責任，也是世界各國必需正視及支持的課題。

■ 2005 年 3 月 26 日，左起黃崑虎、姚嘉文、辜寬敏、高俊明、黃昭堂擔任總領隊，一起參加「民主、和平、護台灣」大遊行。

■ 2009 年 5 月 17 日，左起姚嘉文、蘇貞昌、謝長廷、蔡英文在總統府前，參加嗆馬保台 24 小時靜坐行動。攝影／邱萬興

陳水扁總統於今年（2006）二月宣佈終止國統會及國統綱領，固然令人振奮鼓舞，但這僅是台灣邁向國家正常化的初步。今後，相關法令的修正及政策的調整，更有待海內外台灣人民共同來推動促成。在此前題下，世界台灣人大會（World Taiwanese Congress）在日本成田市召開會議，提出我們的聲明及主張。

我們認為台灣國家的正常化，目的在推動台灣的政治改革，絕非片面改變台灣國際地位的現狀；主張「台灣與中國統一」，以及中國對台灣之武力威脅及制定「反分裂法」，反而是企圖改變現狀。

我們認為台灣國際地位的「現狀」是指：

一、「台灣是一個主權獨立的國家」的現狀；

（The fact that Taiwan is a sovereign and independent country;）

二、「台灣與中國互不相屬」的現狀；

（The fact that Taiwan and China do not belong to each other;）

三、「台灣自由民主」的現狀；

（The fact that Taiwan is free and democratic;）

四、「台灣海峽和平安定」的現狀。

（The fact that the Taiwan strait is peaceful and stable.）

■ 2008 年 8 月姚嘉文與法鼓山聖嚴法師。圖片提供 / 考試院

■ 2013 年 5 月 19 日，反核無懼大遊行。攝影 / 邱萬興

　　為了維護並強化前述之現狀，我們提出下列三項主張：

一、政府駐外單位及國營事業正名化

　　為了分辨台灣與中國，並加強人民對國家的認同，政府駐外單位應以台灣為名，國營事業應使用適當名稱，尤其中華航空（China Airline）與中國民航（Air China）在國際上常生混淆，正名尤為當務之急。

二、台灣國際關係正常化

　　基於台灣立場及國家利益，應全面調整目前外交的政策，檢討駐外人員的派用，加強與主要盟邦之溝通聯繫及實質關係。外交資源的運用，應著重在發揮此項功能，不必專以維持邦交國家數目為目標。

三、台灣與中國關係國際化

　　台灣中國一邊一國已成定論。有關中國領土與人民的事務，即為一般外國事務。中國來台人民之入籍，應適用有關外國人歸化之規定，以明確建立台灣與中國國對國的國際關係。

　　為推動我們的主張，促成台灣國家正常化，本會決定於今年九月在台灣召開年會，並聯合所有台灣人社團舉辦大遊行。我們呼籲國內外人士踴躍參加，共襄盛舉。

　　　　　　　　　　　世界台灣人大會

　　　　　　　　　　　（World Taiwanese Congress）

　　　　　　　　　　　日本千葉縣成田市

　　　　　　　　　　　2006. 3. 26

二、歡喜甘願

（一）大時代大家的夢

美國大法官富蘭克林曾經說過：「人生沒有計畫是浪費的；人生如果事事依照計畫去做，是愚蠢的。」

早年讀富蘭克林的自傳時，讀到這句話，銘記在心，直到晚年，才深切理解他的深意。

人生的確要有計畫，有計畫才有方向，有計畫才能善用時間。上帝對每個人是公平的，每天都是各有 24 小時，這 24 小時中，有人在享樂，有人在休閒，有人在苦幹，有人在思考……各人有不同的生活方式。時間的利用，生活的方式，加上客觀環境的出現，決定各人以後的成就與發展。有計畫的人生，時間比較不會浪費。方向比較不會變換，焦點集中，有運氣（客觀的環境）出現，有較多成功的機會。

世事難料，環境不斷變換，早年設計的計畫，必須不斷的按照當前的客觀環境，重新檢討，再行規畫。中國史家司馬遷說過：「世異，變，成功大」（世情有所不同，行事必須改變，所成功業才會大）就是這個意思。

在年過八十後，我回憶一生種種，有許多感想，更相信這個道理。我一生追求過幾個夢，中間有過幾次變化。起先立志要做律師，辛苦讀書考試做到了；想做作家，無意中坐牢，在牢中完成了。現在的夢想，是希望建立「台灣共和國」。這建國工作，不是我個人的夢，這是這個大時代大家共同的夢。

一個從台灣鄉下走向世界的少年，根本不了解世界。

走入世界以後，根本不了解人性，當自己默默的埋頭苦讀時，只

能天真的從書本看世界，從文章看世人。進入世界，接近世人後，不斷學習，不斷遭受挫折，不斷否定自己，不斷調整觀念。所幸，一路走來，尚未迷失自己。

從鄉下僻村小學進入彰化市區的中學，是人生第一次的轉變；從中學畢業，依賴就業考試及公務員普通考試，進入台中及台北市區的電信局工作，是人生另一次的轉變；從公務機關進入高雄的海軍軍區，又是另一次的轉變。退伍後進入大學研讀，以後擔任律師，赴國外研究，到大學任教，投身智識活動，是另一個大轉變。這時候我發現這是我所喜愛的生活。

可惜環境變化，不久投入政治活動，才又完全改變人生，改變觀念。參加選舉，擔任黨職公職，捲入一場時代巨大潮流波浪，這是最大的改變，這時，許多事身不由己。一方面，在台灣歷史大轉變的浪潮中幸未缺席，有了貢獻；另方面，也多少喪失了自己，參與的已經不是個人可以掌控的台灣建國運動。

（二）建國宣言

台灣建國運動是一國人民的全民運動。每個人有他參與的部分。

2009 年五月，海外的「世界台灣人大會」（WTC）在台北舉辦國是會議，討論「國家安全　主權外交」，發表「台灣建國宣言」。宣言稿由我起稿，經許多人討論修正，定稿後，由與會海內外數百位台灣人的簽署發表：

人民有選擇自由民主生活方式的自由，堅守民主陣容，建立台灣共和，是台灣人民努力奮鬥的共同目標。一九五一年「舊

■ 2000 年 5 月，姚嘉文擔任總統府資政，應邀到美國各社團與同鄉會演講，這面旗幟經協調委員會命名為「台灣旗」。

■ 2007 年 9 月世界台灣灣人大會會長郭重國，將會旗 T 恤贈給姚嘉文。攝影 / 邱萬興

金山和平條約」簽訂後，台灣已脫離日本，主權歸屬全體台灣人民，不再歸屬於任何國家。任何國家宣稱擁有台灣主權，不但違反歷史事實及國際法律，更是暴露出其不見容於二十一世紀的霸權思想。霸權思想必被歷史淘汰，必為潮流消滅。

台灣已是一個主權獨立的國家，數十年來我們努力清除國家不正常的制度與現象，也努力悍衛台灣的主權與安全。任何政黨與個人圖謀台灣歸屬他國，必為台灣人民拒絕與拋棄；任何強權與帝國意圖染指台灣佔為己有，必為世界潮流所排斥與制止。

我們，海內外台灣人民，堅持國家主權獨立，抗拒任何出賣台灣的政黨及個人。我們誓言，集中全體海內外人民的意志與力量，決心清除殘留在台灣的外來政權餘孽，聯合世界上尊重自由民主的國家，抵抗意圖染指台灣的外國霸權。

我們決心，制訂「台灣憲法」取代「中華民國憲法」，徹底打破外來「中華民國」體制，努力重建本土政權，早日完成建國使命。

世界台灣人大會（World Taiwanese Congress）

台灣國家聯盟（Taiwan Nation Alliance）

2010 年 9 月，我將台灣建國的理念寫成《台灣建國論》一書。

這本《台灣建國論》書中，討論台灣建國有關的幾個問題，包括討論「台灣要建國，建國需要正確的理論」，以及有關的各種問題，包括世界潮流，國家分合的歷史觀、台灣建國的發展與方略等等。

建國之夢，不同個人的夢。這不是個人行動可以達成，築夢容易，追夢艱難。

建國是眾人的事，必須集眾人之力，在現實的基礎上，建立理論，整合組織，按部就班，採取可行的行動，逐漸走向目標。

當我們出獄以後，台灣面臨政治大轉型，社會上關注的焦點轉變。此後二十年間，我在不同的職位，不同的組織，不同的活動上，貢獻了我的經驗，分享了我的理念，參與了大家的活動。我寫了關於1951年「舊金山對日和平條約」，關於「台灣主權」，關於「制憲」，關於「台灣國家正常化」的宣傳小冊及文章，也發表無數次的演說。在台灣社會迫切面對大時代的來臨，必須建立正確的理論與策略的時候，我盡了我該盡的責任。

（三）台獨思想混亂

2000 年後，台灣政治環境又發生變化，有更多的人參與政治活動。台灣政界發生激烈的政治生態變動。一是急速的世代交替，一是踴躍的政治參與。這種現象，有助於台灣的國家正常化的力量增長，但卻也使大量參政力量出現，年輕一代迅速取代舊有領導者，負起政治活動的領導責任，早期大部分推動改革活動的人士，漸漸凋零，加速度的退出政壇。

「民主進步黨」徹底成為選舉機器，台灣社會以選舉成敗論英雄。國家組織與發展有關議題，漸被疏遠。言論自由開放，政治禁忌消除後，大批舉著獨立建國口號的新組織新力量，或者用以批判政府，或用以凸顯個人，表面上台灣社會主張「台灣獨立」的聲音日漸壯大，但卻展示台灣政治運動的思想混亂，尤其是某些人主張以「獨

■ 2003 年姚嘉文前往日本參加世界台灣同鄉會聯合會第 29 屆年會。

■ 2010 年 2 月，左起黃昭堂、蔡英文、姚嘉文、張炎憲等人，參加二二八事件 63 周年遊行活動。攝影 / 邱萬興

立公投」為手段，推動廉價台灣建國運動，但卻未深加研究， 明白說明，致一般人（特別是國外媒體）將台灣的「獨立公投」混同如英國蘇格蘭的「獨立公投」。

國外媒體直接將台灣的「獨立公投」翻譯為「independent from China」，造成很大的傷害。蘇格蘭是英國的一部份，蘇格蘭的「獨立公投」目的在脫離英國，台灣主權獨立，不屬於中國，兩個獨立議題本不相同。十多年前，台灣建國運動主流，已經以「台灣國家正常化」描述現階段的政治運動。這個主張本以為已備受各界接受，最近卻飽受侵蝕，使運動的發展，受到干擾，令人擔心。

（四）歡喜甘願

一生追夢，夢中生涯，有笑有哭，有淚有汗，一路能夠順利走了過來，回頭細思，別無其他能耐，唯有常常抱著「歡喜甘願」四個字在心頭而已。

「台灣七色記」歷史小說《洪豆劫》中，在林爽文天地會事變結束，參加事變倖存者，因親人死傷逃亡，各人命運坎坷，向一位相命老人請教參與事變意義得失， 我借著相命老人的話，說出參加事變各人所有的心理：

有天地會人爭說：

「天地會無反，人也不甘願！」

相命老人笑笑的說：

「對！甘願造反就去反 --- 我剛才說，人生的道理很簡單，就是歡喜甘願四字，其他禍福生死，誰料得準，誰料得精呢 ----

-- 愛造反就由他們去造反，愛做官就做官，事後誰也不要怨嘆。
大家去反去亂，去戰去亂，咱站一邊看他們的好戲就好了……」

我一生追夢，生活平凡，參加「美麗島運動」後，生活改變。一
段時間喪失自由，律師執照被吊銷，健康受損害，鼓勵者有之，憐惜
者有之，譏諷者有之。我卻自自在在，甘心坐牢。不怨天尤人，安心
寫作，出牢後，也不以此討功績。

以前讀《易經》一書，研讀其中「隨卦」，稍知隨遇而安的道理，
以後教學《易經》，常提「隨卦三句」，以自身經歷，啟示學生：

「隨遇而安」

「隨機應變」

「隨心所欲」。

吾人人生遇到挫折，環境改變，遭遇不如所料，如何因應，是《易
經》書中不斷討論的問題。《易經》只是簡單地說「應變」（「窮則
變，變則通」），但沒都提到如何變，怎麼變才對。

《易經》，在討論這題目時，確曾說過：

知進退存亡而不失其正者，其唯聖人乎！

其意義不過說聖人不只計較個人存亡成敗，要注重行為的正當
性。

所謂「正當性」應該是在討論所追求的「目標」的內容！

有一次，當「美麗島運動」經過了三十多年，在法界朋友例行餐
敘時，一位頗為活躍的資深律師，也曾經很活躍參與「美麗島運動」
的活動，喝了幾杯酒後，突然提起我坐牢的事。他說：「姚嘉文最笨

■ 1998 年，左起民進黨歷屆黨主席林義雄、許信良、黃信介、姚嘉文、施明德一起出席民進黨在台北市大安森林公園音樂台舉辦的黨慶大會。攝影 / 邱萬興

■ 2015 年 1 月 22 日紀念高雄橋頭事件 36 週年，民主菁英重返橋頭現場，余政憲邀請高雄市長陳菊、陳婉真、姚嘉文主席、施明德主席、陳鼓應、周平德、范巽綠局長等人參加紀念活動。攝影 / 邱萬興

了，美麗島活動到後來，我們都知道要抓人了，我們能閃就閃，姚嘉文笨頭笨腦，不知厲害，還一直堅持參加，所以被抓。而我，哼…沒事。」這位大律師又在一直重複炫耀，說他早已看得出事件發展的後果，及時抽身，而姚律師見不及此，禍臨其身，要坐苦牢，律師執照被吊銷，少賺許多錢。如果沒有坐牢，他可賺許多錢，財富不會比他差。沒有人答腔，我則自顧自低頭吃東西。

「美麗島運動」是一件大時代潮流的群眾運動，參加的人物數以萬計，每人參與程度與方式各有不同。是非功過，並非沒有定論，但個人榮辱吉凶，各人承擔，本無從與他人比較。如前相命老人所言，各人歡喜甘願，心甘情願就是，無所謂聰明笨拙。當他們在冒險任事時，大多知道後果必須犧牲，而因所追求的目標在前，雖知前有不測，仍不放棄，勇往直前，心中永遠存有「歡喜甘願」四個字。

不過，如再深入思考，各人做事願意「歡喜甘願」去做，必定有其基本目標宗旨，並非任意賭氣草率下決定。所謂滿心「歡喜甘願」，不過是表示事後無怨無悔，不去求功爭譽的說法而已。其心中必然有其想追求的目標。因追求的目標，而採取某種行動，不是率性任意，無所算計，只是所算者不僅個人目前安危利害而已。何況安危利害也難計算得準。

近年來，人們常常在討論發生在 1930 年的「霧社事件」的歷史意義與影響。公共電視拍過「風中緋櫻」，台中市青年中學演過「賽德克·巴萊」，電影也拍過同名的影片。

有一次，我們從彰化市包一部遊覽車去台中市，看台中市青年中學演的「賽德克·巴萊」舞台劇。觀眾看完，都哭得很傷心，喊說：「好可憐喔！」

舞台劇沒有提到「霧社事件」的歷史意義與影響。觀眾也不會想

■姚嘉文為了寫小說，2005 年赴南投縣霧社事件最後戰場憑弔。

■ 2005 年姚嘉文為了「霧社人止關」小說創作，到抗日英雄莫那魯道紀念碑憑弔。

到「霧社事件」的歷史意義與影響。

　　台灣社會對各種事件的關切，大多停留在關懷事件參與者的犧牲，用同情憐憫的心去對待，縱使承認那些人的犧牲有價值，有貢獻，但多不去講究那些犧牲的價值與貢獻是什麼。

　　「霧社事件」發生後，日本殖民政府開始檢討對台灣山區原住民的統治政策及管理方法，改善了山區人民的生活處遇。所以「霧社事件」是一件悲壯的事件。我曾經向與行政院「原住民族委員會」官員提過，「霧社事件」有其壯烈貢獻的一面，不要再讓這種有「悲」沒有「壯」的思想繼續散佈。

　　我在教會神學院教過書，深知基督教徒對承受苦難的處理方法。有些苦難是大環境造成的，有些是無妄之災，但也有是因堅定信仰，追求理想付出的代價，不論什麼情形，都不應一味逃避或只怨天尤人，自認倒楣。

　　當我被抓入牢，被判重刑時，我就如同基督教徒一樣，問說：

　　「上帝安排我深陷重牢，究竟有什麼旨意？」

　　探究上帝安排我深陷重牢的旨意，事實上是我在探究自己可以如何利用坐牢時間做些什麼事？

　　我的答案是 --- 寫歷史小說，實現年少時一個早存心中的夢想。

　　我也相信，「美麗島事件」的發生，是激發台灣成立新政黨，及進一步推動建國運動的動力。這是中年以後漸漸形成的一個大夢想。

　　為了這個大夢想，即便在早已退休的歲月，仍然在「台灣國家聯盟」組織內活躍參與工作。

　　2010 年，我寫了那本《台灣建國論》，鼓勵國人，要有建國的信心。書中說：

■ 2006 年 3 月 18 日，姚嘉文與周清玉參加「護民主、反併吞」大遊行，表達台灣人反侵略的決心，凝聚台灣本土力量對抗中國。攝影 / 邱萬興

■ 2007 年 9 月 15 日，姚嘉文參加民主進步黨在高雄市舉辦台灣加入聯合國公投大遊行，展現全民的意志與力量，宣達台灣要加入聯合國！攝影 / 邱萬興

　　推動台灣獨立建國運動，必須內能喚起民眾，團結國人，外能因應時勢，說服國際。軍事方面則必須有自衛能力。

　　從事政治運動不能僅依賴英雄人物，建國也不能僅依賴英雄行動。政治人物確定目標以後，必須運用智慧，宣導主張，鼓動風潮，才能領導行動。我們必須先運用智慧理解目前政治形勢，然後提出理論，確立主張，吹動風氣，取得人民支持。然後建立組織，採取行動。我們要與群眾共同努力，我們不能只依賴英雄人物。何況政治行動之前，必先吹動政治風氣，而吹動風氣豈能只依賴英雄人物？

　　早年相信個人犧牲青春安樂，堅持苦讀，可以實現當律師的夢想。中年因為相信個人的短期的犧牲，可以實現所追求的民主政治的理想，更利用上帝的安排，竟然實現早年所追求的寫作理想。如今，相信經由國人集體長期的努力，必能達成台灣人共同的大夢，因此，對個人承受這些小小的苦難，真能「歡喜甘願」。

三、追夢人生

（一）早年的夢想

英國哲學家羅素（Arthur William Russell）說過：

　　人的一生，就應該像一條河，開始是涓涓細流，被狹窄的河岸所束縛，然後，它激烈地奔過巨石，沖越瀑布。漸漸地，河流變寬了，兩邊的堤岸也遠去，河水流動得更加平靜。最後，它自然地融入了大海，並毫無痛苦地消失了自己。

　　人生的計畫，尤其是青年時代的計畫，就是夢想。夢想是抽象的，

■ 2006 年，姚嘉文發表《台灣條約記》，希望讀者能瞭解台灣歷史。攝影 / 邱萬興

計畫是具體的。夢想多在等待，計畫則要認真執行。吾生有夢，因夢想而有目標，有目標就會奮鬥，要奮鬥就要擬訂計畫執行。有了計畫沒有認真執行，夢想是空的。

人生奮鬥不能事事順利，所謂「人生不如意事，十常八九」，就是這個意思。正如羅素所說，人生如河，前程常被「被狹窄的河岸所束縛」，夢想常被破滅，理想證明不切實際時，計畫必須重新擬訂。

我的追夢人生，開始在高職學校即將畢業的時候。在這以前，跟一般人一樣，只期待快快長大。就如一個小學生所寫的一首小詩一樣：

「童年，

像跳躍的皮球。

何必買太多呢？」（姚雨靜的童年詩）

　　早年的夢想，只是想未來做一個所看到的書籍中的一個偉人，能對國家對社會有所貢獻，能參與國家社會的重大決策。

　　但當高職學校即將畢業時，眼看幾個好友，在準備考大學，自知與大學教育無緣，就去考軍事學校，錄取陸軍軍官學校，因不是第一志願，自己沒有興趣，也沒有信心，家人親友同學反對，認為我不適於當軍人，政治環境不適合本地人才生存發展。此時，才知道這些夢想「被狹窄的河岸所束縛」，只是童年少年的無知而已。

　　初夢無知，只好腳踏實地規劃青年人生。

（二）具體的夢

　　高職學校畢業，有一個具體的夢。

　　我考上就業考試及普通考試，分發工作就業，不時拜訪在各大學就讀的好友，心中舊夢已去，新夢漸現，國文老師建議我透過檢定考試，高等考試去取得律師資格。

　　這個夢，使我耗盡九年的青春，從 20 歲到 29 歲，每天捧著法律書籍，日夜苦讀。幸而，因在交通部電信局工作，有固定收入，才能維持繼續追夢，五年之後，在屢次落榜之後，只好承認不讀大學，無法憑自學取得律師執照，但進入大學就讀，卻似是非常遙不可及。

　　當想放棄這個夢，懷疑基督教聖經所說的：「有求必應」的教示，是真的可信嗎？ 當我的信心逐漸薄弱，正想放棄時，有想到聖經的另一句話：「你們得不到，是因為你們不求。你們求也得不到，是因為你們妄求。」（雅各書第四章，第 2，第 3 節）。

　　究竟我求要想當律師是不是一種「妄求」？

不能順利進大學就讀，我應該放棄律師夢？改求其他「夢想」？或應該只是改變作法？

信心低落，徬徨無主的時候，大學竟然錄取了，檢定考試竟然過關了。

經過許多人的協助與鼓勵，依賴無限的毅力，與粗壯的體能，半工半讀完成學業，是一件神奇的任務。我沒忘記讀大學是為了考律師，但在大一大二考了兩次落榜以後，我放棄不考了。

另一個夢在形成中，卻很遙遠。

大學同學中比較好的，都在準備出國，我的德文不夠好，不能考德國獎學金，英文不夠好，不能考公費獎學金。就像高職學校快畢業時，羨慕好朋友去讀大學，大學快畢業時，我在羨慕準備出國留學的同學。

我沒辦法做出國的夢，只能勉強在學校攻讀研究所。

當報考研究所時，順便去考律師，沒想到兩個都考取了。

於是我不再把心思放在「出國留學」這個新的夢想。我應認真實施已完成的律師夢。

我只用兩年時間，完成研究所的課程，取得法學碩士學位，並完成律師實習的訓練，開始自己開業。

（三）觀念改變

開業當律師時，才發現在台灣當律師不是我的夢。雖然開業當律師後，提高了我的社會地位，增加了收入，改善了家人的生活。但這不是我的夢。

台灣大學法律學研究所畢業以後，到輔仁大學法律系及文化大學教書，我很快樂，這不是我曾經夢過的，我卻很喜歡能在大學教書。

在台灣當律師，與我想像的律師生活不同。當時台灣還是一個人治社會，一個在戒嚴令統治下的社會，一個沒有司法獨立法院的社會，想當一個想改革社會的律師，這夢是殘缺的。

在研究所讀書時，因常常跟周清玉到台北市各處貧民區去作調查，又因許多故鄉親友來台北謀生，住在貧民區，我漸漸對貧民區的所謂「違章建築」問題發生興趣。

1972年竟然有機會到美國研究「貧民法律服務（Legal Aid）」，並在柏克萊大學研究「都市化的住宅問題（Housing Problems in Urbanization）」，時間雖然只有短短一年，但卻圓了我的一個不敢期待完成的夢。

這個夢中的一年。讓我有機會收集美國票據法的資料，讓我回國後寫好大學升等論文，成為副教授。

而更重要的，是徹底改變我的法律政治觀念，不久，在台灣完全投入政治運動。這是另外一個夢，這個夢想使我得到很大的滿足，但也付出很大的代價。

在這運動中，我見識到國家政治運作的複雜性，也見識到政治運動者的高貴，更見識到一些政客卑鄙無恥貪婪的面目。

（四）「法律改革」，進入「政治改革」

在最初夢想擔任律師時，想以「法律服務」作為人生志業，當發現國家法律不公不平時，想推動「法律改革」，又因台灣國會的結構

不合理，必須進行「政治改革」。個人志業的夢，一步一步的追尋，到頭來是要從事國家的政治改革，真是想像不到的。

從事國家的政治改革的夢，與追求個人志業的夢不同。

從事國家的政治改革的夢必須是一個團隊，必須要一大群群眾。個人追求夢想，只要勤勉努力，自己決定方向，規劃工作，努力可以達成。但有關國家的政治改革，事關重大，議題複雜，對抗當局，壓力不同，不但要用盡心血，有困難有犧牲，更因有利益衝突，爭議很多。

當我從追求「法律改革」，進入「政治改革」工作時，有許多不習慣，我本沒有參加選舉的計畫，所以不是很計較參加活動的個人利害，也不會藉參與活動的機會，增加個人聲勢，提高個人選情。

■ 2004 年 5 月 31 日，姚嘉文院長參加台東原住民研討會。

　　台灣民主運動參加人員，有參政者，有改革者。參政者既以爭取政治地位，政治權力為首要目標，其心態與做法當然與運動者不同。以選舉途徑爭取政治地位，政治權力，必須接近民眾，經營地方，通常必須花用許多時間，在地方選民之間拜訪，應酬，服務，及聯絡。大多時候要花費大量金錢及人力，從事組織工作。改革者則不相同。

　　這數十年來，台灣民主運動能有這麼多支持者，「民主進步黨」成立後，能不斷有新黨員加入，政治獻金不斷注入，黨能不斷壯大，終於成為執政黨，參政者是主要的貢獻者。

　　但是，改革者也有他們的貢獻。一個運動能有成就，一個政黨能有發展，要有正確的方向，明確的主張，還要有有效的計畫。在向群眾宣導上，要有內容，主張要有根據，說理要合邏輯。這些都需要改革者用力。一般來講，參政者比較勤快，改革者比較用心。兩種人同心通力合作，民主運動成功較大；兩種人各行其是，互相責難，力量互相抵銷。

　　我早年有夢，要當律師，當了律師，才知國家無法治，政治無民主，當了律師無大作為，於是，投身司法改革，參與民主運動，以律師身分與智識，做出貢獻。出牢以後，「民主進步黨」已成立，不數年，黨已由參政者控制，社會多重視參政者的地位與權勢，我雖也參與數次公職與黨職的選舉，但多不如意，不過，我仍抱當年築夢的初心，不敢有失志之想，仍積極參與政治運動，如今年歲已高，眼見當年所追求的，多有實現，但尚待追求的目標尚多，唯期後進努力推動。我願足矣，我夢可圓，心中也感安慰。

有一個朋友與我討論我一生的追夢經驗，曾經說過這些話：

您的一生，從幼年到青年，為了追求自己的夢想（修身）而做的各種努力；之後的壯年期，為了讓父母，妻女有好的生活做了那些努力，例如為了榮耀父母而替他們免費為鄉民打官司；為安定家人生活，簡約克己為妻女買房……等等（齊家），到了中年，某個因緣際會（因為執業律師）一股腦地投入了政治的不歸路，冒著被打壓，坐黑牢，失去教職等代價，換取了台灣的民主與公義（治國）。

人生至此，最大的，也是最後的夢想，是希望台灣這一個太平洋上美麗的驛島，我們生存一輩子的鄉土 能真正成為一個在國際上與其他國家平起平坐，美麗而獨立的國家（平天下）。

我相信很多人都與我一樣，一生也都在追尋他們美麗的夢。

■ 1993 年姚嘉文、周清玉在台北圓山大飯店會見南非總統曼德拉。

■ 1996 年，姚嘉文與菲律賓前總統柯拉蓉。

■ 1997 年 1 月，姚嘉文訪問南韓並拜訪金大中。

■ 2001 年 4 月，姚嘉文、周清玉、姚雨靜拜會西藏宗教領袖達賴喇嘛。

■ 2004 年 7 月姚嘉文以特使身分，率團訪問甘比亞，參加甘國第二共和紀念日十周年
慶祝活動。圖片提供 / 考試院

■ 2006 年 4 月姚嘉文在考試院會見美國在台協會台北辦事處長楊甦棣，雙方相談甚歡。
圖片提供 / 考試院

■ 2004 年姚嘉文院長出訪多明尼加，參觀當地博物館。圖片提供 / 考試院

■ 2003 年姚嘉文院長拜訪台塑創辦人王永慶先生。圖片提供 / 考試院

■ 2003 年姚嘉文院長拜訪統一集團創辦人高清愿先生。圖片提供 / 考試院

■ 2003 年姚嘉文院長拜訪中國信託創辦人辜濂松先生。圖片提供 / 考試院

■ 2007 年 10 月，瓜地馬拉貝慕德大使到考試院拜訪。圖片提供 / 考試院

■ 2003 年姚嘉文院長參觀藝術家朱銘工作室。圖片提供 / 考試院

■ 2009 年 11 月 17 日，姚嘉文獲第 32 屆吳三連獎，與妻子周清玉、女兒姚雨靜合影。
攝影 / 邱萬興

■ 2018 年 6 月，姚嘉文八十歲生日，在台北圓山大飯店與妻子周清玉、女兒姚雨靜合影。
攝影 / 邱萬興

■ 1970 年代，姚嘉文律師。

《姚嘉文 年表》

一九三八年 ◎ 六月十五日出生於彰化縣和美小鎮。

一九五七年 ◎ 畢業於彰化商業職業學校。

一九六二年 ◎ 考入國立臺灣大學法律系。

一九六六年 ◎ 考入臺灣大學法律研究所。

　　　　　 ◎ 考取律師。

一九六七年 ◎ 與周清玉結婚。

一九六九年 ◎ 擔任輔仁大學及文化大學講師（後升任副教授）。

一九七二年 ◎ 赴美加州柏克萊大學研究，

　　　　　　 回台創辦「臺灣平民法律服務中心」，

　　　　　　 免費為貧民提供法律服務。

一九七五年 ◎ 擔任《臺灣政論》法律顧問。

　　　　　 ◎ 為郭雨新及康寧祥立委助選。

一九七七年 ◎ 出版《虎落平陽》，記錄郭雨新選舉訴訟過程。

　　　　　 ◎ 為林義雄競選宜蘭縣省議員助選。

　　　　　 ◎ 出版《古坑夜談》，暴露雲林縣選舉舞弊及選務黑幕。

　　　　　 ◎ 中壢事件，擔任辯護律師。

一九七八年 ◎ 出版《護法與變法》，推動「國會全面改選」。

　　　　　　 公佈老國大（老賊）存活人數。

◎ 以「黨外大護法」的美譽在故鄉彰化縣參選國大代表，
但因美國宣佈與北京建交停辦。

一九七九年 ◎ 參與高雄縣橋頭鄉示威遊行，這是戒嚴令下，
反對運動第一次示威遊行。

◎ 擔任前高雄縣長余登發父子叛亂案辯護律師。

◎ 與施明德、陳菊共組「黨外總部」。

◎ 黃信介發行的《美麗島》雜誌，由周清玉命名，
就在「黨外總部」發行。

◎ 出版《黨外文選》。

◎ 美麗島事件政治犯，遭國民黨迫害判刑十二年，
入獄七年一個月。

一九八七年 ◎ 出版在獄中完成三百萬字的《臺灣七色記》長篇小說。

◎ 加入民主進步黨，擔任中常委。

◎ 擔任民主進步黨第二任黨主席，推動「國會全面改選」、
「總統直選運動」。

一九八八年 ◎ 主持民進黨全國代表大會上通過「臺灣主權獨立案」
（「四一七」高雄決議案）驚動北京。

一九八九年 ◎ 赴美訪問一個月演講，宣揚「臺灣主權獨立」的理論。

◎ 「臺灣關懷中心」、「關懷雜誌」遷回彰化縣。

一九九〇年 ◎ 參加「國是會議」。

一九九一年 ◎ 出版《臺海一九九九》。

◎ 參加「馬尼拉海內外懇談會」訂定「制憲建國」方略。

一九九二年 ◎ 擔任民進黨舉辦「四一九」總統直選大遊行決策小組。

一九九三年 ◎ 當選第二屆立法委員、擔任民進黨立法院黨團召集人、

擔任國防委員會召集人。

一九九四年 ◎ 加入立法院司法委員會，推動司法改革。

出版《司法白皮書》。

一九九五年 ◎ 出版《南海十國春秋》。

提出對南海局勢和臺海局勢的具體看法。

一九九七年 ◎ 擔任民進黨中常委。

◎ 擔任「亞洲自由民主聯盟」秘書長。

一九九九年 ◎ 出版《制憲遙遠路》

二〇〇〇年 ◎ 擔任總統府資政。

◎ 出版《景美大審判》。

二〇〇一年 ◎ 出版《舊金山和約－臺灣的釋放令》。

二〇〇二年 ◎ 擔任考試院院長。

二〇〇三年 ◎ 發表《十句話影響臺灣》。

二〇〇四年 ◎ 獲韓國韓京大學頒贈名譽法學博士學位。

二〇〇六年 ◎ 發表《黃虎印》新編歌仔戲劇本。

◎ 發表《臺灣條約記》。

◎ 發表《霧社人止關》。

二〇〇八年 ◎ 出版《風吹美麗島》。

◎ 擔任「臺灣國家聯盟」總召集人。

二〇〇九年 ◎ 獲得第 32 屆吳三連獎。

二〇一六年 ◎ 擔任總統府資政。

國家圖書館出版品預行編目（CIP）資料

姚嘉文追夢記 / 姚嘉文作. -- 初版. -- 彰化市：關懷文教基金會，
2019.06
面； 公分

ISBN 978-986-97781-0-7（平裝）
1.姚嘉文 2.回憶錄

783.3886   108007094

姚嘉文追夢記

作　　者：姚嘉文

出版單位：財團法人關懷文教基金會

地　　址：彰化縣彰化市大智路 5 巷 1 號

電　　話：（04）724-4909

傳　　真：（04）725-9013

捐款戶名：財團法人關懷文教基金會

捐款帳號：台灣銀行 彰化分行
016 004 284756

封面題字：鄭福成

編輯小組：邱萬興‧沈聰榮‧廖紫妃

美術編輯：鮑雅慧

指導贊助：國家人權博物館
NATIONAL HUMAN RIGHTS MUSEUM
http://www.nhm.gov.tw

印　　刷：柏榮印刷有限公司

出版日期：2019 年 7 月第二刷

定價：380 元